KB272860

온전한 나로 살아가는 법

삶의 여정에서 얻은
탁월한 통찰과 실천 전략들

우선아 지음

나로서 온전하게 살아갈 수 있으려면
내가 어떠한 사람인지
아는 것이 가장 중요하다고 생각한다.

온전한 나로
살아가는 법

삶의 여정에서 얻은
탁월한 통찰과 실천 전략들

우선아 지음

도서출판 **더 로드**
The Road Books

**뒤돌아보니 항상 희망의 끈을 놓지 않았다.
희망은 나에게 꺼지지 않는 빛이었다.**

내가 태어나기를 열망했는지는 모르겠다. 태어나보니 첩첩산중이었고 웬만한 거리는 걸어 다녀야 하는 곳이었다. 고개를 들어 둘러보면 눈 안에 다 들어올 정도의 공간에서 산을 보며 자랐고 시냇가에 나가 놀았다. 포장이 되지 않은 길은 어쩌다 차가 지나가면 뽀얀 먼지를 일으키며 차가 보이지 않아도 먼지는 오래도록 남아 있었다.

야생은 인간을 강하게 만든다는 글을 어느 책에서 읽었다. 인간의 손길이 거치지 않은 산과 들을 벗 삼아 어린 시절을 보냈다. 정글에서 간단한 도구 몇 가지만 가지고 생존해야 하는 미션을 수행하는 프로그램을 TV를 통해 보면서 내가 정글에 고립된다면 살아 나올 수 있을까를 생각해 보기도 했다. 나는 아마도 잘 살아 나왔을 것 같다.

교직에 있으면서 "아이들에게 너는 태어나고 싶어서 태어난 거야." "아닌데요. 엄마 아빠가 사랑해서 태어난 건데요." 그럴 수도 있어. 그렇지만 넌 태어나기 전에 가장 요령 있게 가장 빠르게 끝까지 죽지 않고 살아남은 단 하나란다. 그렇게 달린 이유는 네가 태어나고 싶어서 그런 거라고 말해 주었다. 아이들이 왜 살아야 하는지 의문을 가지고 현재 하는 일에 힘겨워하는 모습을 보며 스스로 살고자 해서 온전한 생명으로 태어났으니 그 자체에 감사함을 가지고 자신을 사랑하며 열의를 가지고 삶을 마주하기를 바라서 해주는 말이었다.

우리는 크고 작은 선택의 순간에 놓이게 되고 항상 선택해야만 한다. 무엇을 먹을까, 무엇을 입을까, 어디로 갈까. 수많은 상황과 다양한 선택지들 중에서 어떤 것을 선택하는가. 왜 그것을 선택하는가.

선택할 때 무엇을 고려하는가? 다른 사람의 조언을 구해서 선택하는가 아니면 내가 생각하고 결정하고 선택하는가. 매번 조언을 구하는 것도 어렵고 그 조언이 항상 적절해서 나와 맞는 것도 아니다. 선택하고 행동으로 옮기는 순간 과정을 거쳐야 하고 어떠한 결과에 도달해야 한다. 과정과 결과에서 나타나는 어려움, 고통 등은 누구도 대신해 줄 수 없다. 오로지 나의 의지로 앞으로 나아가야 한다. 그럴 때 필요한 것은 나를 아는 것이다.

전공과목으로 간호학을 배웠고 생명을 다루는 일을 일정 기간 하다 보니 생명 자체, 삶 자체가 소중하다는 생각을 더욱더 굳히게 되었다. 삶을 살아가는 방식은 다 다르다. 어떤 환경에서 살아왔는가? 성장 과정은 어떠한가? 누구의 영향을 많이 받았는가? 사고 형태는 어떠한가? 등 여러 조건에 영향을 받아 삶의 형태가 결정된다. 살아온 시간을 돌이켜 보며 "나 지금 잘살고 있는 건가?"라는 의구심을 가질 때가 많다. 어떻게 살아야 잘 사는 걸까. 모두가 추구하는 성공적인 삶만이 잘 사는 삶은 아니라고 본다

나로서 온전하게 살아갈 수 있으려면 내가 어떠한 사람인지 아는 것이 가장 중요하다고 생각한다. 내면에서 내는 나의 소리, 마음의 움직임을 자세히 바라다보자. 마음의 소리, 움직임에 따라 선택하고 선택한 것을 의지와 끈기를 가지고 꾸준히 해 나가자. 결과가 나올 때까지 지치고 힘들면 쉬었다가 다시 하자. 쉼을 가지면서 자기를 사랑하는 에너지로 충전하고 회복탄력성을 키워 나로서 살아가자.

나는 이 책에서 나로서 살아가기 위한 방법으로 다섯 가지를 제시한다. 첫째 자신에 대한 질문을 통해 나를 찾아보는 시간을 둘째 삶을 지탱해 나가기 위한 습관 형성하기 셋째 흔들리지 않는 인생을 살기 위한 마음가짐 넷째 삶의 본질적인 가치에 투자하기, 다섯째 타인과 진정한 소통을 맺기 위한 관계 형성하기이다.

언제 어디서나 나라는 존재는 가장 소중하고 내가 가장 사랑해야 하는 존재이다. 내가 나를 제대로 사랑할 줄 모른다면 세상 누구도 제대로 사랑할 수가 없다. 나로서 온전하게 살아간다는 것은 완벽한 인간이 되어야 한다는 것이 아니다. 실수하고 넘어져서 깨지더라도 있는 그대로의 나를 받아들이고 실수를 돌이켜 배움을 얻고 성장하며 내가 바라는 나의 모습으로 변화해 가야 한다. 그것이 나로서 온전하게 살아가는 것이다.

2026년 3월

우선아

제1장
질문: 온전한 나로 살아간다는 것

제2장
습관: 삶을 지탱하게 해주는 요소

01

온전한 나로
살아간다는 것

지금 잘 살고 있는 걸까?

'지금 잘 살고 있는 걸까?'라는 질문을 스스로에게 던져본다. 질문에 답하기 위해 지금까지 살아 온 나의 삶을 돌이켜 본다. 퇴직을 한 지금의 시점에서 삶을 꾸려나가기 위한 설계가 필요하다는 생각을 해왔다. 나이를 먹어가면서 퇴임식을 하는 교장 선생님을 바라보는 느낌은 달랐다. 60대 때 퇴임하시는 교장 선생님을 바라볼 때는 일하실 만큼 하셨으니 쉬실 만도 하다고 생각했다. 내 나이가 50에 가까워지자, 퇴임을 바라다보는 나의 느낌은 확연히 달랐다. 평균 수명이 길어져서 남자는 80세를 넘어섰고, 여자는 그보다 2년 정도 더 길다. 요즘엔 100세까지 살 수 있다는 생각이 기본이다. 63세에 퇴임을 하고 나서 100세까지 산다고 가정할 때, 남은 삶이 너무 길다고 생각했다. 적어도 30년에서 40년을 무엇을 하며 남은 인생을 살아갈까 걱정하는 마음으로 퇴임식 자리에 앉아 있었다.

나는 퇴임해서 무엇을 하면서 살아가야 하나. 나의 퇴임 후 일상을 어떻게 꾸려나가야 하나라는 화두가 생겼고, 그것에 대해 시간이 날 때마다 생각에 잠겼다. 나이가 들어가면서 무리가 되지 않고 즐거움을 주는 것, 보람을 느끼는 것, 체력이나 건강, 지적인 능력에 크게 영향을 받지 않으면서 할 수 있는 일은 무엇일까? 아직 퇴직하는 시점이 꽤나 남아 있어서 미리 준비한다면 퇴직 후 별다른 고민이나 권태로운 시간 없이 바로 일상의 루틴으로 살아갈 수 있다고 여겼다. 나를 꾸준히 관찰하기 시작했다. 무엇을 좋아하는지, 무엇에 흥미가 있는지, 무엇을 싫어하는지, 무엇을 하고 싶은지 등을 떠올리며 나를 바라다보는 시간을 가졌다.

'노후를 건강하게 살아가려면 운동이 중요해. 가끔 보고 싶으니 만나자고 연락을 하고, 식사도 하고, 차도 마시고, 여행도 같이 할 친구도 있어야 해. 매일 여행가고 친구를 만날 수는 없으니 곁에 두고 늘상 할 수 있는 마음을 줄 수 있는 것도 있어야 해. 그렇구나! 운동, 친구, 여행. 그리고 나는 어려서부터 책 읽는 것을 좋아했었지. 책을 빨리 읽고 다독하는 스타일은 아니지만 책을 좋아했어. 감상을 공책 여기저기 끄적거리기도 했어. 맞아 독서와 글쓰기. 문화에 대한 허영심이 있어서 음악회, 전시회,

마침내 노후에 나와 함께할 수 있는 길벗을 찾아냈다. 오랫동안 생각하며 운동, 여행, 독서, 글쓰기, 그림그리기로 루틴을 만들면 되겠다고 정리했다. 퇴임하기 전에 퇴근 후 취미생활을 지원해 주는 복지정책의 일환으로 개설된 교육복지 센터 강의 프로그램 중 민화 반을 선택하고 매주 한 번씩 다녔다. 퇴직하기 전에 자연스럽게 동호회 활동으로 이어졌고, 전시회도 여러 번 참여하는 등 활동 범위가 넓어졌다. 전문적으로 글을 지도하는 선생님을 모셔 놓고 지인 셋이서 일단 글 쓰는 시간을 무작정 가졌고 코칭을 조금 받았다.

제자 중에 한 학생이 떠오른다. 고등학교 1학년 학생이었다. 성적도 최상위권에 속했고, 성격도 밝고 긍정적인 학생이었다. 체격은 꽤 큰 편이었다. 퇴근하면서 무심코 교실을 들여다보았다. 그 학생이 교실 앞에서 춤 연습을 하고 있었다. 수업이 끝났고 하교를 했어야 하는 시간이었다. 그때만 해도 공부 잘하는 학생과 춤은 어딘지 연결이 잘되지 않는다는 편견이 있었다. 예쁜 춤 선으로 너무 즐거워하며 춤을 추고 있었다. 궁금해서 춤을 어떻게 배웠냐고 물었다. 학생은 자신이 춤을 좋아해서 일찍부터 학원 수강을 하고 일주일에 한두 번 춤을 배우러 다닌다고 했다. 좋아하는 것을 알고 바쁜 와중에 시간을 내어 즐기고 있었던 것이다. 정말 멋진 삶의 태도라는 생각을 했다.

학부모님도 존경스럽다고 생각했다. 자녀의 취미생활을 기꺼이 지원해 주고 계시는 부모님의 열린 마음이 학생의 생활을 더욱 행복하게 해주고 있었다. 학업에 부담을 느끼는 학생들은 최소 아침 9시부터 밤 10시까지 학교, 학원에서 보낸다. 하지만 공부를 한 만큼 성적은 잘 오르지 않는다.

잘 살고 있다는 것은 무엇일까? 누구나 자신에게 똑같은 질문을 해보면 좋겠다. 질문에 대한 답을 찾아가면서 나는 나의 인생 주기를 세 부분으로 나눌 수 있었다. 태어나서 30세까지가 1막, 30세에서 60세까지가 2막, 60세 이후가 3막이다. 1막은 현실과 타협한 선택, 2막은 자의지(自意志)에 의한 과감한 선택, 3막은 자유롭고 나답게 사는 삶의 선택이다.

1막은 선택의 여지가 없는 현실과 타협한 삶이었다. 태어나서 부모의 보호를 받으며 성장하고, 학창 시절을 보낸 뒤 직업을 선택해서 살았다. 학창 시절의 진로 선택은 나의 직업에 큰 영향을 미쳤다. 고등학교 시절 장래 희망이 무엇이냐는 항목에 간호사, 교사, 과학자를 적어 넣었다. 왜 그 직업을 가져야 하는지 특별한 이유는 없었다. 일반적으로 간호사는 여학생들에게 적합한 직업이라고 알고 있었고, 공부를 좀 한다는 여학생들이 생각하는 교사가 좋은 직업인 줄 알았다. 과학자를 적은 것은 그래도 내가 좋아하는 교과목과 연계한 진로 방향이었다. 간호사든, 교사든, 과학자든 상급학교에 진학해야만 기회를 가질 수 있는 분야이다. 가정 형편이 어려웠던 나는 부모님의 지원을 기대할 수 없었고, 혼자의 힘으로 학부 공부를 해야 했다. 현실과 타협한 선택을 했고, 전액 국비 지원을 받을 수 있는 간호사관학교에 들어갔다. 졸업과 동시에 병원에서 근무하며 옵션을 마쳐야 했다. 결국엔 적성에 맞지 않아 옵션을 마치고 과감하게 그만두었다.

2막은 의지에 의한 과감한 선택으로 이루어진 시기이다. 병원을 그만두면서 과연 새로운 삶을 제대로 살아갈 수 있을까에 대한 불안감이 매우 컸다. 절망의 상태에 자신을 던지기로 마음먹었다. 병원을 그만두고 학부 때 성적순으로 주어진 교원 자격증을 바탕으로 교사가 되기로 했다. 신문 광고를 통해 알게 된 정보로 지원을 해서 사립학교 교사가 되었다. 교사로서 30년 이상의 삶을 살았다.

3막의 시작은 정년퇴직을 1년 반 남기고 명예퇴직을 신청한 것이었다. 사람들은 나에게 자유로운 영혼이 깃든 삶을 살고 있다고도 했다. 공적인 업무를 수행하는 데 필요한 긴장감과 실수 없이 해내야만 하는 압박감, 외부적인 요구에 부합하는 업무 처리 등 교사라는 직업은 사명감 없이는 해내기 어려운 직업이다. 30년 이상 했으면 충분히 했다고 생각했다. 나에게 공적으로 주어진 일은 해야 하는 만큼의 이상을 했다고 자부한다. 명퇴를 신청했고, 2025년 3월부터 나는 스스로를 위한 삶을 살아가고 있다.

퇴임하기 전 방학 기간을 이용하여 퇴임 후의 일상생활을 잘하기 위한 루틴을 짰다. 처음 한 달은 퇴임 전 방학 기간처럼 늦잠 자는 것을 좋아해서 늦게 자고 늦게 일어났다. 먹고 싶은 시간에 먹고, 졸리면 자고, 나가고 싶으면 나가고, 보고 싶은 사람에게 전화해서 만나자고 했다. 퇴임 전부터 하던 그림 수업을 온라인으로 하고, 대면 수업도 하나 더 신청했다. 지인 덕분에 골프 연습도 시작하고, 그동안 읽으려고 사 놓았던 책도 부지런히 읽었다. 평소 하던 대로 지인과 국내 여행도 하며 보냈다.

다음 한 달은 새로운 루틴을 만들었다. 알람을 맞추지 않고 자연스럽게 눈이 떠지는 시간에 일어나기로 했다. 어려서부터 아침 6시경에 일어나던 습관이 있어서인지, 아니면 나이가 들어 새벽 잠이 없어진 것인지는 모르겠으나, 늦게 자나 일찍 자나 7시 전후로 잠에서 깨어났다. '남들은 이 시간에 일어나 출근하겠지' 하며 나도 일어나서 활동을 시작하자고 마음을 먹었다. 이불 밖으로 나오는 일은 출근할 때나 출근하지 않을 때나 똑같다. 누운 채로 스트레칭을 하고 나서 침구 정리를 하고 짧은 기도를 한다. 다음은 미온수를 한 잔 마시고 성경 타이핑을 한다. 오래전 개설만 해놓고 두었던 블로그에 생명을 불어넣는다. 블로그 관리가 끝나면 아침 겸 점심을 먹고 클래식 음악을 무심히 틀어 놓고 차를 마시면서 독서의 시간을 갖는다. 오후가 되어 졸린다 싶으면 도서관에 간다. 책을 3시간 정도 읽고 돌아와 점심 겸 저녁을 먹는다. 저녁에는 골프 연습장에 간다. 1시간에서 2시간가량 연습을 하고 돌아와 씻은 뒤 블로그 글을 쓰고 이웃 글들을 본다. 12시경 하루를 마감하는 기도를 간단히 한다. 한 달 동안 루틴을 만들고 실천했다. 해도 되고 안 해도 되는 일, 하고 싶은 일, 꼭 해야 하는 일들로 일상을 가득 채웠다.

그동안 생계유지를 위해 반드시 해야만 하는 일에 몰두하며 살았다. 돈을 벌기 위해 지치고 힘들고 아파도 결근하지 않으면서 최선을 다했다. 일의 교과서적 의미는 생계유지를 위해 하는 일, 자아실현을 위해 하는 일이라는 의미가 있다. 지금까지 해 온 일이 생계유지를 위한 일이었는지, 자아실현을 위한 일이었는지를 묻는다면 당연히 전자라고 답할 것이다. 하지만 이제는 자아실현을 위한 일을 하고 있다고 말할 수 있는 삶을 살아가려 한다.

타인의 시선이나 기대에
부응하려 하지 마라

새로운 생명이 태어난다는 것은 엄청난 신비스러움을 경험하는 일이다. 엄마가 된다는 것, 여성으로 태어나서 한 생명을 잉태하고 세상의 빛을 보게 했다는 것은 어디에도 비견할 수 없는 숭고한 일이다. 기적을 경험하고 싶다면 엄마가 되는 것이다. 만지기도 겁이 날 만큼 두 손안에 쏙 들어올 만큼 작은 아이가 탄생한다. 아이가 고개를 움직이고 손발을 움직인다. 재채기를 하고 숨을 쉰다. 조그만 심장은 왜 그리 빨리 뛰는지, 빨리 뛰는 것이 맞는지 걱정이 되기도 한다. 몸은 아주 따뜻한 온기로 가득하다. 부모는 자신의 아이에게 기대를 건다.

나날이 아이는 성장을 한다. 눈을 맞추고 웃어준다. 모빌을 따라 눈동자를 움직이고, 소리에 반응하며 고개를 돌린다. 손짓 발짓을 하며 손가락을 빨기도 하고, 발가락을 빨기도 한다. 뒤집으려고 얼굴이 붉어지며 안간힘을 쓰고 힘을 주다 뒤집는다. 뒤집으니 바닥에 떨어진 말라비틀어진 밥알이 눈에 들어온다. 꼬물거리는 작은 손으로 집어 입으로 가져간다. 배밀이를 하며 기기 시작하다가 혼자 일어나 앉는다. 기어가서 소파를 부여잡고 일어선다. 잡고 서기를 반복하다가 걸음마를 시작한다. 걸음마를 하다가 엄마 품에 넘어지면서 꼭 안겨서 내 몸을 부여잡는다. 아이는 나에게 속해 있다는 확신을 갖게 해준다. 어느 날 나를 엄마라고 부른다. 같은 시기에 태어난 아이보다 성장 속도가 빠른 것 같다. 몸무게도 많이 나가고, 키도 크고, 말도 빠르다. 내 아이가 대견하고 자랑스럽다는 생각이 든다.

성장 과정이 빠르고, 말도 빨리하고, 옆집 아이보다 말을 잘하는 것을 보니 내 아이는 영재인듯하다. 가르쳐 주지도 않은 말을 하고 책도 곧잘 읽는다. 궁금한 것은 왜 그리 많은지, 수도 없이 질문을 해댄다. 내 아이는 천재이거나 영재가 맞다. 일찍부터 조기교육을 시켜서 좋은 대학에 보내야겠다는 기대를 건다. 교육과정이 탄탄한 유치원을 보내려고 줄을 서고, 대기를 건다. 합격하면 엄청난 기회를 잡았다는 자부심을 갖는다. 아이에게 좋은 교육 환경을 만들어 주었다고 생각한다.

어떤 유치원은 한글을 가르치지 않는 곳도 있다고 한다. 한글은 유치원에 가기 전에 다 읽을 수 있어야 하는 것이다. 좋다고 하는 유치원은 영어 몰입교육을 한다. 오전에도 영어 수업, 오후에도 영어 수업을 하며 숙제도 내준다. 함께 모여서 협력하며 놀면서 규칙을 배워야 하는 시기가 유치원 시기이다. 놀이를 하면서 정정당당하게 경쟁해서 이기는 법도 배우고, 이긴 친구를 축하해 줄 수 있어야 한다. 졌다면 자신의 실력이나 능력이 부족함을 인정하고 받아들이는 법도 배워야 한다. 놀이를 통해서 사회성을 기르고, 규칙도 준수할 수 있는 태도를 배워야 하며, 불편함도 참을 줄 알고 배려도 알아야 하는 시기이다. 아이들은 유치원부터 학업 성과에 따라 우열이 나뉘게 되고, 경쟁과 비교 속에서 열등감과 우월감이 무엇인지 알게 된다.

열등감을 느끼는 아이는 자신감이 생기지 않는다. 늘 주눅이 들어 있고, 할 수 없다는 상황에 어린 시절부터 던져지게 된다. 타인과 비교해서 오는 열등감은 아이의 자존감을 형성하는 데 아무런 도움을 주지 못한다. 학업 성과를 보고 실망하는 부모의 눈치를 보게 된다. 아이들은 백지와도 같다. 부모가 어떻게 느끼는지를 감각적으로 알아챈다. 남과 비교하여 생기는 우월감을 느끼는 아이들은 자신감을 갖는다. 스스로 노력해서 자신과의 싸움에서 우월한 위치를 점하게 되었다면, 우월감은 건강한 자신감을 갖게 한다. 무엇인가를 해낼 수 있다, 잘할 수 있다는 자신감은 자기 존중감으로 연결되며, 건강한 자존감을 형성하게 한다.

어린 시절부터 아이에게 큰 기대를 갖는 부모와 그 기대감에 부응하지 못하는 아이들이 양산되는 것이다. 우리나라 교육 환경은 경쟁을 부추기는 환경이지, 아이의 특성에 맞게 기다려주는 환경이 아니다. 해가 바뀌면 아이의 특성과 상관없이 승급을 해야 하고, 현재 주어진 학업 수준을 따라가지 못하는 아이는 열등한 아이로 낙인이 찍히는 구조이다.

지적 수준이 높고 이해 능력도 좋으며, 학업 성과도 높은 아이에게 부모들은 높은 기대를 건다. 내 아이는 커서 좋은 대학에 가야 하고, 갈 수 있는 능력이 있다고 믿는다. 좋은 대학을 졸업하고 내로라하는 직업을 가져야 한다. 소위 말하는 '사'자가 들어가는 직업을 가져야 한다. 그것이 부모의 명예를 높여주고, 자식에 대한 자부심으로 이어진다. 어떤 부모들은 자식의 적성이나 관심, 흥미가 어디에 있는지 알지 못한 채 어려서부터 너는 "의사가 되어라.", "너는 변호사, 검사가 되어라." 등 일정 직업을 갖도록 꾸준히 방향 제시를 한다. 부모의 의견에 따라 적성과 상관없이 의사가 되기도 한다. 흥미는 없지만 법을 공부하고 머리가 좋으니, 시험에 합격하여 검사로서의 직업적 업무를 하며 살아간다. 관심과 흥미, 적성에 맞는지도 모른 채 일을 하다가 어느 순간 회의감이 들고 다른 길을 선택하는 경우가 생각보다 많다.

〈유퀴즈〉라는 TV 프로그램에 22세에 최연소 사법고시에 합격한 박지원이 게스트로 나왔다. 어려서 부모님의 기대에 부응하기 위해 죽어라고 공부해서 서울대에 갔고, 사법고시를 보았다. 부모는 그 분야에서 최고의 자리 대법원장까지 가기를 기대하셨다고 한다. 박지원은 대형 로펌에 들어가 변호사 일을 하면서 엄청나게 쏟아지는 업무와 업무의 특성이 자신의 적성과 부합하지 않다는 데 생각이 미쳤다. 지금은 자신이 좋아하는 어학을 공부하며 새로운 미래를 개척해 나가고 있다.

어떤 선생님의 퇴임 인사말이 지워지지 않는다. 당신은 교직에 있으면서 교육철학을 다 이루었다고 하셨다. "서울대학에 몇 명을 보냈고⋯."라고 시작되는 인사말이었다. 서울대학에 학생 몇 명을 보냈다고 하는 것이 교육철학이라고? 그 말을 듣는 순간, 나는 실망감이 너무 컸다. 또 좋은 학교, 명문 학교라고 하는 판단 기준이 서울대학에 몇 명 보냈는가로 귀결된다. 학교의 전통과 문화, 학생들의 행복감과 즐거움, 근무하는 교직원의 만족감과 충성도, 학생을 진정으로 사랑하는 마음 등은 뒷전이다. 사회적 시선이나 기대에 부응하는 가시적인 성과를 보여주어야 하는 것이 교육의 현실이다.

부모는 내 아이의 특성이 어디에 있는지 잘 알아채야 할 의무가 있다. 그것이 권리이기도 하다. 아이가 부모의 희망이나 꿈을 대신 이루어 주는 존재가 되어 있고, 정작 아이는 다른 특성을 가졌다면 아이는 행복하지 않다. 학창 시절부터 아이는 자신의 삶을 살고 있다고 생각하지 않는다. 부모의 기대에 부응하는 삶을 살고 있는 것인지, 부모의 인생을 대신 살고 있는 것은 아닌지 정체성에 혼란을 느낀다. 어려서부터 학업에 장시간 집중하기를 바라는 부모 아래 자라는 아이들이 많이 있다. 그 아이들은 사춘기가 되면 반항심이 생겨 부모와 갈등이 심화되기도 한다. 소위 기가 약한 아이들은 부모에게 대들지도 못하고 깊은 우울에 빠지거나 무력감에 빠지는 모습을 수없이 보아왔다. 아이의 능력과 방향성이 부모가 원하는 것과 일치하는 경우는 아이도 부모도 행복한 결과를 보게 된다.

부모가 원하는 방향과 내가 원하는 방향이 다르면, 부모의 기대에 부응하려 하지 않는 것이 좋겠다. 물론 부모가 원하는 방향으로 삶을 살아간다고 해서 나쁘기만 한 것은 아니다. 누구나 노력하면 최고가 될 수는 없어도 평균점에 도달할 수 있다고 본다. 평균점에 해당하는 능력으로 평균적인 보통 사람의 삶을 살아가도 상관은 없다. 그렇게 사는 삶이 내가 하고 싶은 것, 좋아하는 것, 좋아해서 잘할 수 있는 것을 하며 살아가는 삶보다는 덜 행복하지 않겠는가. 대부분의 사람들은 항상 어딘지 모르게 만족스럽지 못하다는 미진한 마음으로 살고 있는 듯하다. 부모의 기대에 부응하기보다는 내가 원하는 삶을 살기 위해 노력하며 결과를 보여주고,

부모를 설득하는 것이 나의 삶을 제대로 사는 것이라고 생각한다. 내가 원해서 선택한 것이니, 힘들어도 감내하며 참아야 하는 이유가 있고, 삶을 디자인하며 사는 나를 볼 때 더 행복하다고 느낄 것이다.

핑계보다는 해결점을 찾는다

지금까지 해오던 방식을 바꾸어서 다른 방법으로 일을 해야 할 때가 있다. 내가 원하지도 않았는데 예상하지 못한 외부요인으로 변화하고 적응하며 잘하기까지 해야 한다. 새로운 일인데 방법은 모르고 당장 업무를 해내야 할 때 당황하지 않는 사람은 없을 것이다. 잘 모르기 때문에 익숙하지 않아 불안하고, 초조하고, 자신감이 없다. 심지어 '지금 하는 일을 그만두어야 하나?'라는 의구심을 갖기도 한다.

코로나바이러스 감염증이 처음 시작된 곳은 중국 후베이성 우한시이다. 2019년 11월, 세계보건기구는 전 세계적으로 공중보건 비상사태를 선포하였다. 다음 해 3월엔 팬데믹으로 격상 시켰고, 우리나라도 예외가 될 수 없었다. 호흡기 계통으로 감염이 되고, 환자를 접촉하지 않아도 자신도 모르게 전염이 되었다. 전염성이 매우 강하고 증상이 심각하여 생명을 잃게 되었고, 사망자가 속출했다. 환자가 발생하면 격리하는 방향으로 관리가 이루어졌다. 집단 감염을 막기 위해 정부 정책으로 학교는 개학하지 못했다. 학생들의 수업권, 학습권을 보장하기 위하여 수업의 형태를 온라인 수업으로 전환해야만 했다.

학교 현장에서는 새로운 방식을 도입하여 수업을 해야만 했다. '줌'이라고 하는 프로그램을 이용하여 영상 강의를 준비하라는 방침이 교육청에서 내려왔다. 인터넷 주소를 주고, 회원 가입을 하고, 프로그램을 설치하라고 했다. 교사 개개인의 특성에 따라 사안을 받아들이는 모습이 매우 달랐다. "줌을 알지도 못하는데 도대체 어떻게 하라고 하는 거야.", "학생들에게 교과 내용을 정리해서 자료를 나누어 주고 스스로 학습을 하면 되는 것 아닌가?", "과제를 내주고 확인하는 방법도 있는데." 등 불만스러운 반응을 보였다. 새로운 수업 방식을 받아들이는 데 대한 불안감이 높은 수준에 있었다.

줌이 무엇인지 처음 들어보는 용어였다. 프로그램을 사용해 본 적이 없으니 다루는 방법도 몰랐다. 학생들에게 수업을 진행해야 하는데 줌 수업 방식이 능숙하지 못한 것이다. 수업을 잘하지 못하면 어떻게 하나라는 걱정이 앞섰다. 수업을 하다가 실수하면 교사로서의 위신이 서지 않는다는 생각에 두려움이 컸던 것 같다.

나 역시 불안하기도 하고 두렵기도 했다. 정보부에서 온라인 수업을 위해 보내준 줌 주소로 접속을 해보았다. 영상회의도 시작해 보고, 여러 기능을 사용해 보았다. 차근차근 설명대로 따라 했고, 몇 번 기능을 사용해 보고 나니 불안감이 사라졌다. 그래서 불안해하는 친한 동료와 같이 독려해 가면서 방법을 익혔다. 기능을 알고 나니 그다지 어렵다는 느낌이 들지 않았고, 줌 프로그램을 이용하여 학생들과 수업을 할 수 있었다. 그렇다고 줌 수업을 진행하면서 실수가 없지는 않았지만, 미리 준비했기 때문에 별다른 문제 없이 새로운 변화에 적응할 수 있었다. 학생들 또한 처음 경험하는 일이라 실수를 해가며 잘 따라와 주었다.

초등학교 5학년 때인가, 강원대학교 학생들이 내가 사는 마을로 농촌 봉사활동을 나왔다. 대학생들이 20명쯤 되었다. 대학생 일부는 농가에 일손을 도우러 다녔다. 덕분에 아이들은 집에서 농사일을 거들지 않아도 되었다. 농촌 일손이 부족한 터라 초등학교만 들어가도 집안일을 도와야 하는 상황이었다. 대학생들 덕분에 어린아이들은 학교에 모여 농활 프로그램에 따라 여러 가지 활동을 하면서 놀았다. 사범대학을 다니는 대학생이라 선생님이라고 불렀고, 다양한 활동이 너무도 재미있었다.

놀이 프로그램 중 연극 활동이 있었다. 연극 제목이 기억은 잘 안 나는데, 내가 맡은 역할이 언니 다람쥐였다. 연극을 해본 적도 없었는데 대사도 외워야 하고, 내용에 맞게 연기도 해야 하고, 마을 사람들과 학교 선생님 모두가 모인 자리에서 발표하라고 했다. 발표 날이 이틀 앞으로 다가왔다. 일주일 동안 연습을 했지만, 너무 불안하고 긴장을 해서 잘할 수 없을 것 같다는 생각이 들었다. 나는 연극 발표를 하지 않으려고 배가 아프다는 핑계를 댔다. 지도하는 선생님은 걱정하며 나를 덜렁 들어다가 쉴 수 있게 눕혀주었다. 매트에 누워서 쉬면서도 제대로 쉴 수가 없었다. 발표는 정해진 일이었고, 피할 수 없는 일이었다. 결국 대사를 모두 외웠고, 발표도 잘 마쳤으며, 많은 박수와 함께 잘했다는 칭찬의 말을 들었다. 마음속으로 거짓말을 했다는 미안한 마음이 생겼다. 해결책을 찾기보다는 핑계를 대며 안 할 이유를 찾은 내가 내 마음에 들지 않았는지 지금까지 마음에 남아 있다.

고등학생들을 가르치면서 나는 과제를 거의 내주지 않는 것을 원칙으로 했다. 그 이유는 인문계 여학생들은 성적에 매우 민감하기 때문이다. 또한 여학생들의 특성상 과제를 내주면 잘하려고 하는 경향이 높아 밤을 새우며 해오는 학생들이 많다. 밤을 새우다 보면 다음 날 수업을 잘 들을 수 없고, 신체 리듬이 깨져서 학교 활동을 하는데 어려움이 생긴다. 심지어는 신체 리듬이 좋지 않은 시기와 겹치면 몸살이나 감기에 걸리기도 한다. 숙제를 하면서 얻는 이익보다 손실이 더 크다고 생각했다.

일 년에 두 번쯤 과제를 내주었다. 과제 수행 기간을 정하고 과제 검사를 했다. 어떤 학생은 과제 수행 수준이 매우 높아 다시 보이는 학생이 있다. 반대로 과제를 하기 싫어서 마지못해서 하는 학생도 있고, 아예 과제를 해오지 않는 학생도 있다. 과제를 집에서 직접 해온 학생도 있고, 수업 전에 급하게 급우 것을 베낀 학생도 있다. 과제를 해오지 않은 학생에게 질문을 한다.

"몰라요."는 상황을 회피하는데 가장 적절한 말이다. 나의 행동을 합리화시키고 정당화시킬 수 있는 단어가 이것 말고 없다고 생각한다. 과제를 하지 않은 이유로 이만한 핑계가 없다. 너무도 적절한 표현이라 그 말을 듣는 순간, 인정할 수밖에 없는 느낌이 들며 "그렇구나, 몰랐구나."하고 넘어가기 십상이다. 하지만 고등학생이 할 수 없을 정도의 과제를 내주는 일은 없다.

교직에 있으면서 학생들로부터 "몰라요." 소리를 수도 없이 들었다. 처음에는 "그래."라고 하며 넘겼다. 시간이 지나면서 가르치는 사람은 그러면 안 된다고 생각하며 오랫동안 고민했다. 학생들이 저항감 없이 받아들이면서도 긍정의 효과를 낼 수 있는 것 "몰

라요, 답이 뭐예요?", "찾아 봐요가 답이야."를 반복적으로 교육시
켰다. 모르면 스스로 찾아보게 했고, 찾은 것은 반드시 정리하도
록 했다. 찾아보았는데도 모르겠으면 다음엔 잘 아는 친구에게 물
어보고, 그래도 모르겠으면 나를 찾아오라고 했다. 교사라고 해서
다 아는 것은 아니니, 나도 모르면 같이 찾아서 알아가자고 하며
이끌어 주었다.

우리가 무언가를 배우는 이유는 기본적으로 지식이나 기능을
습득하는 데 있고, 그것을 바탕으로 나의 삶을 꾸려 나가는 데 써
먹기 위함이다. 지식을 활용하여 문제해결력을 키우는 데 있다.
모른다고 아무것도 하지 않으면 계속 모르는 수준에 머물러 있게
되고, 학습 결손은 더욱 심화된다. 못 할 이유를 찾고, 안 할 핑계
를 찾다 보면 타고난 능력도 제대로 발휘하지 못하는 상태가 되
어 있다. 핑계가 습관이 된다. 삶의 여정은 지난하고 맞닥뜨리는
문제가 하나둘이 아니다. 그때마다 모른다고 하며 핑계를 댈 수
는 없다. 핑계를 대기보다는 무엇이 문제인가를 살펴보고, 해결
점을 찾는 데 주력하며, 주도적으로 자신의 삶을 개척해 나아가
야 한다.

과학 기술의 발달과 더불어 사회가 변화하는 속도가 아주 빠르
다. 예전에 알았던 기능이나 지식이 쓸모없어지는 일이 허다하다.
경제적 위기가 닥치면 구조조정을 거쳐 산업구조가 재편된다. 발

빠르게 대처하지 않으면 기업도 개인도 도태되어 더 큰 어려움에 직면한다. 새로운 변화를 수용하고 익혀야 한다. 익숙하지 않은 것을 배운다는 것은 모르기 때문에 불안과 공포를 동반한다. 두려움이 앞서 포기하거나 거부하기보다는 분해하고, 조립하듯 작은 부분 하나부터 해보는 것이다. 퍼즐은 한 조각부터 맞추어 나간다. 레고 역시 하나씩 끼워 나가다 보면 도안에 나와 있는 작품을 완성할 수 있고, 방법을 알고 나면 새로운 나만의 작품을 만들 수 있다. 그러니 매 순간 핑계보다는 해결점을 찾으려 노력하면 좋겠다.

살아온 시간을 부정하거나
왜곡하지 않는다

우리는 살아가면서 어느 순간 여러 가지 이유로 빠져드는 것들이 있다. 게임이 재미있어 시간 가는 줄 모르고 하기도 하고. 지금 내 앞에 주어진 일에, 해야 할 일에 모든 시간과 노력, 열정을 쏟아붓기도 한다.

내가 학교에 취업하고 처음 출근했을 때, 너무 놀라서 할 말을 잊었다. 선생님들이 업무를 대하는 모습이 상상 이상이었고, 근무 환경 또한 너무도 열악했기 때문이다. 학교에 오기 전 근무지에서 나는 시간 외 수당을 10분 단위로 누적했고, 시간당 135%를 수당으로 받으면서 근무를 했었다. 학교에 오니 고3 담임이거나 부장 교사는 아침 7시에 출근했다. 학생들의 학업 향상을 위해 아침 7시 전에 학교를 개방하고 밤 11시까지 자율학습을 하는 시스템으로 운영하고 있었다. 선생님들 모두는 학생들을 위하여 당연히 희생 봉사하는 것으로 생각하고 있었다. 아침과 야간에 학생 지도를 위하여 순번을 정하고 돌아가면서 근무를 했다. 아침을 제대로 못 먹어서 라면을 끓여 먹기 일쑤였고, 저녁에는 학생 도시락을 먹었다. 나도 그런 환경에 동참할 수밖에 없었다.

선생님들 중에는 서울에서 차를 세 번씩 갈아타고 와서 내려 15분을 걸어서 출근하는 분도 있었다. 근무를 마치고 집에 돌아가면 밤 12시가 넘기도 했다. 내가 처음 갔을 때는 다들 젊은 나이였고, 결혼한 선생님들은 아이가 어렸다. 어린이집을 보내거나 유치원에 다니는 경우가 많았다. 친정 부모님이나 시부모님이 육아를 도맡아 하고 있었다. 나 역시도 어린아이를 큰 집에 맡겨놓고 일을 했고, 주말엔 아이를 보러 갔다. 일주일에 한 번 보는 아이는 헤어질 때마다 떨어지기 싫어서 고모나 할머니, 큰엄마한테 안겨서 두 팔을 뻗으며 동네가 떠나가라 악을 쓰며 울어댔다. 시어머니 말씀이 "쟤는 엄마를 일주일에 한 번 보는데 엄마가 그렇게 좋은가?"라며 서운한 기색이 역력한 말씀을 하셨다. 눈물을 삼키며 아이를 떼어놓고 왔다.

학생들을 위해서 학교를 학습할 수 있는 환경으로 만들어 주어야 한다고 여겼다. 정규 근무 시간 8시간은 허울뿐인 그저 근로기준법에 나와 있는 조항일 뿐이었다. 어느 학부모는 학생을 위하여 밤을 새워서라도 지도해야 한다고 말했다. 나는 그 말을 듣는 순간, 무엇이 잘못돼도 한참 잘못됐다고 생각했다. 교사들도 퇴근 후에 아이를 돌보아야 하고, 집안일도 해야 한다는 현실을 외면한 채, 하시는 말씀이 야속하기도 했다. 학생을 위한다는 명분으로 교사들의 삶의 질은 고려 대상이 아니었다.

학급 인원수도 많아서 한 학급에 50명이 넘었다. 학기가 시작되면 학생 상담과 학부모 상담이 기본적으로 이루어졌다. 대부분의 선생님들은 법정시수보다 많은 수업을 했고, 본 수업 이외에 오전에 1시간, 오후에 한 시간 보충수업을 했다. 담임 교사는 반 학생 상담이나 학부모 상담을 반드시 해야 하는 일이었다. 상담이라도 할라치면 저녁 식사를 부랴부랴 하고, 퇴근하지 못하고 저녁 야간 시간을 이용하여 상담할 수밖에 없었다.

상담은 내담자와 20분 정도의 시간을 가지고 일반적인 대화를 나눈 후 자연스럽게 상담 주제로 넘어가야 한다. 상담자가 마음을 열고 자신의 이야기를 진솔하게 할 수 있기 위한 라포 형성 시간이 필요한 것이다. 학급당 인원수가 50명이니 한 학생과 30분만 상담을 한다 쳐도 하루에 5명 이상 상담을 하는 것은 불가능하다. 모든 학생 상담을 마치려면 최하 한 달 이상의 시간이 필요하다. 학생들을 다 파악하기도 전에 3월에 학부모 상담이 진행되는 것이다. 교사가 감기나, 몸살이나 갑작스러운 집안일이 생기게 되면 한 달이 아니라 3월이 다 가고 4월이 된다.

3월 학기가 시작되면 각종 업무가 소나기처럼 쏟아진다. 선생님들에게 3월은 눈앞에 닥친 업무만 제시간에 제대로 해냈다면 잘한 것이다. 그야말로 파도에 휩쓸려서 떠밀려 가듯 3월이 간다. 학급에서 학생들 간에 다툼이라도 생기면 가장 중요한 수업은 뒷전이 된다. 퇴근 후의 삶은 꿈도 꿀 수 없고, 집이라고 하는 곳은 잠을 자기 위해 가는 곳이 된다.

선생님들은 상당한 자부심을 가지고 근무하고 있다. 나에게 맡겨진 일은 충분히 잘하려고 하고, 잘할 수 있는 능력도 겸비하고 있다. 주어진 일만 근근이 하는 선생님은 볼 수가 없었다. 해야 하는 일 이외에도 학생을 위해 무슨 일을 더하면 학업에 도움이 될까 고민했다. 어떻게 하면 학생들이 학교생활에 잘 적응할 수 있을까를 늘 생각했다. 학생들의 미래를 위하여, 학교생활을 보람되게 보낼 수 있도록 자신만의 프로그램을 만들어서 운영했다. 당연히 해야 하는 업무량은 늘었다.

젊은 남자 선생님들은 거의 학교에서 살다시피 했다. 퇴근하고 직장업무와 직접적인 관련이 없는 흥미가 있거나 하고 싶은 일을 하는 교사는 거의 없었다. 결혼하신 선생님들도, 어린아이를 가진 선생님들도 마찬가지 삶을 살았다. 아이가 일어나 부모 얼굴을 보기 전에 나왔고, 아이들이 잠드는 시간에 퇴근하는 생활을 밥 먹듯 했다. 직장 일이 30대, 40대 인생의 전부가 되었다. 어린 내 아이와 함께 보내는 시간이 절대적으로 부족했고 다정한 아내, 다정한 남편이 되기에는 체력적으로, 정신적으로 시간적인 한계가 있었다. 거의 모든 에너지를 소비하고 왔으니 마음의 여유도 없었고, 체력도 허락하지 않았다. 그렇게 시간이 흘렀다.

나도 예외는 아니었다. 워낙 일중독인 성향이 있는 데다 일을 잘 해내야 한다는 강박증이 있었다. 스스로 세워 놓은, 자신이 만족한다고 생각하는 업무 완성도가 있었다. 잘 해내려고 자신을 닦달하는 성향이었다. 가정에서 해야 하는 일보다 직장 일을 더 우선시했다. 그래야만 한다고 생각했고, 또 그렇게 했다. 담임 교사를 할 때는 아이가 어렸음에도 퇴근 시간에 제대로 퇴근한 적이 거의 없었다. 4살부터 큰집에서 데려와 어린이집에 맡겨놓은 딸 아이는 늘 가장 늦게까지 남아있었다.

토요일에도 오전 근무를 했던 시기에는 퇴근을 하면서 아이를 데려왔고, 급한 점심을 먹었다. 허기진 상태에서 밥을 먹으니 늘 체했다. 체하면 두통이 너무 심하고, 오심증이 있고, 위장관이 모두 멈추며 딱딱해져서 많은 고생을 했다. 친정엄마가 늘 체해 두통으로 고생을 하셨고, 그럴 때마다 우리 형제들은 엄마 배나 등에 올라가 밟아 주었다. 이틀 정도는 제대로 드시지 못하고 누워 있었던 일이 일상처럼 발생했다. 나 또한 같은 모습으로 50이 될 때까지 살았다. 단순히 체증 때문인 줄 알았다. 체증이 아니라 편두통 때문에 온다는 것을 생활인권부장을 하면서 알게 되었다.

사립학교라 선생님들이 오래도록 함께 한곳에서 근무했다. 같은 곳에서 가족보다도 더 오랜 시간을 보내다 보니 가족 아닌 가족이 되었다. 서로의 아이가 어떻게 자라는지, 어떤 특성이 있는지를 속속들이 알면서 가족보다 더 가족 같은 관계가 형성되었다. 선배 교사들이 50이 되어가고, 아이들은 성장해서 성인이 되었다. 경제적으로 어느 정도 안정도 되었고, 아이들 교육도 시켜 자녀들이 독립할 시기가 되었다.

20년 이상, 30년 이상을 함께 근무했던 교장, 교감, 부장 교사들은 일찌감치 퇴임하며 학교 현장을 떠났다. 교장 선생님들은 정년을 마치고도 계약직으로 더 오래 근무하시는 분들도 있었다. 반면, 교감 선생님이나, 부장 교사를 했거나 일반 교사를 하신 분들은 대부분 명예퇴직을 하셨다. 명예퇴직하는 개인적이고 구체적인 이유는 모르지만 함께하지 못하는 아쉬움으로 늘 울컥하는 마음이 일었다.

퇴직을 구체적으로 생각해야 하는 50대가 되었을 때, 선배 교사가 후배 동료에게 했던 말이 머리에 혹처럼 붙어 있어 떠나지를 않는다.

"너무 학교에 오래 남아있지 말고 빨리 퇴근하세요, 남는 거 없옆에서 듣고 있던 나는 눈물이 났다. “너무 오래 남아있지 말고 퇴근해라, 남는 거 없다.”라는 말이 왜 그리 마음에 와닿는지. 책임감과 사명감이 강해서 하던 대로 하겠다는 선생님의 말씀은 왜 또 그리 가슴이 아리는지. 충분히 이해가 갔다. 선배 교사들이 얼마나 많이 헌신하고 충성을 다했는지 안다. 교사들의 희생과 봉사를 바탕으로 학교가 자리매김할 수 있었기 때문이다. 그때는 그것이 옳았다. 결코 잘못 산 인생일 수 없다. 다시 돌아간다 해도 똑같은 삶을 살 것이다. 지금 와서 내가 살아온 시간을 부정하거나 왜곡하면 나는 사라지는 것이다. 그 순간에 열정을 가지고 나의 삶을 살며 최선을 다했다면 그걸로 충분한 것이다.

나는 단지 나일 때가 좋다

갑자기 뭔가를 하고 싶다는 생각이 떠오른 적이 있는가. 호기심이 일어 참을 수 없다는 생각이 들거나, 어떤 곳이 보고 싶어서 시간을 내 달려가 본 적이 있는가. 먹고 싶은 것이 머릿속에서 빙빙 돌고 안 먹으면 병이 날 것 같았던 적은? 나는 호기심이나 궁금증이 생기면 그것을 찾아다니면서 하는 것을 좋아해 스스로 '호기심 천국'이라고 부른다. 항상 하고 싶은 것이 있고, 배우고 싶은 것이 있어 그것을 하는 내가 좋다. 또한 실수투성이다. 해서는 안 되는 말을 하기도 하고, 다른 사람이 하는 행동이 내가 세운 기준과 맞지 않는다고 직설적으로 이야기를 해서 마음을 상하게 하는 적도 많다. 실수를 인정하며 같은 실수를 반복하지 않으려고 노력하는 그런 나를 있는 그대로 수용하려고 한다.

인쇄되어 나온 활자를 읽는 것이 좋아서, 인터넷이 일반화된 지

오랜 시간이 지나서도 신문을 신청해서 보았다. 제때 다 읽지 못해 버려지는 날이 부지기수였어도 신청했다. 컴퓨터 화면을 열고 포털에 들어가면 최신 기사가 실시간으로 떠서 금방 볼 수 있는데도 신문을 배달시켰다. 신문을 보는 것이 좀 더 편안했고, 종이에 찍힌 글자를 보는 것이 더 좋았다. 신문은 세상 돌아가는 것을 인터넷보다 더 통찰적으로 볼 수 있게 해주었고, 문화면 기사를 특히 좋아해 원하는 정보를 발견했을 때, 기분이 좋았다. 공연이나 전시회, 특별한 여행 장소를 메모해 두었다가 주말을 이용해서 다녀오곤 했다.

중학교 2학년 때 라디오를 들으며 공부를 하던 중, 서울 덕수궁에서 피카소 전시회를 연다는 소식을 듣게 되었다. 겨울방학과 일정이 겹쳐서 방학이 되면 전시회를 보러 가리라 마음을 먹었다. 방학이 되어 부모님께 허락을 얻고, 춘천에 있는 큰집 오빠 집에 들렀다가 서울로 갔다. 서울 잠실에 6촌 언니 부부가 살고 있었는데, 전화번호도 모른 채 언니 이름과 형부 이름만 알고 간 것이다. 그때만 해도 전화부스에 전화번호부 책이 걸려 있어, 믿는 것은 오로지 그거 하나였다. 터미널에 내려 전화 부스에서 주소와 전화번호를 찾아내고 잠실까지 갔다. 언니에게 전화를 걸었더니 엄청나게 놀라셨다. 서울이 어디라고 겁 없이 왔냐고 혼이 났다. 피카소 전시회를 보고 싶어 왔다고 했더니 어이없어하셨다. 조카들이

랑 덕수궁을 갔고, 결국 전시회를 보았다. 주소도 전화번호도 모른 채 서울이라는 곳을 갔으니 무모하기 짝이 없는 행동이었다.

예전에 서울 소격동에서 3년을 살았다. 근무 중에 짬이 생겨 창밖을 바라다보면 경복궁이 내려다보인다. 야간 근무를 하던 어느 날 새벽이 되었을 때, 큰 창문 밖으로 안개가 끼고 있었다. 그 모습이 너무 좋아서 창문에 기대어 한동안 경복궁을 바라다보며 신비스러움이 가득한 안개 속에 있었다. 비가 오면 경복궁 근처에 있는 동아일보 사옥 스카이라운지에 차를 마시러 갔다. 전면이 유리 창문으로 되어 있어, 차를 마시며 비가 내리는 모습을 보는 것이 좋았다.

병원에서는 주간, 저녁, 야간으로 나뉘어 3교대로 근무한다. 야간 근무를 하고 아침 8시경 퇴근한 후에 아침을 먹고, 낮에 잠을 자고, 다시 밤 11시경에 출근한다. 그때만 해도 저녁 근무든, 야간 근무든 2주 동안 하고 근무가 바뀌었다. 야간 근무는 아무리 해도 적응이 안 되고 힘들었다. 그래도 8시간 근무를 마치면 출근 준비 시간과 이동 시간을 제외한 나머지는 온전히 나만의 시간이 주어졌다. 나는 배우는 것을 좋아해 일주일에 한 번씩 꽃꽂이, 일본어 등을 배우러 다녔다. 이름을 모르는 새로운 꽃들 이름과 꽃말을 알아가는 것도 재미있었다. 꽂았던 꽃을 가져와 숙소 복도 테이블에 꽃을 꽂아 다른 사람들도 볼 수 있게 했다. 다른 사람들이 꽃이 예쁘다고 한마디씩 해주는 말이 기분 좋았다. 취미 생활이 직업이 되는 것도 좋겠다고 생각했다. 좋아하는 것을 하면서 돈도 벌 수 있다면 일에 대한 만족도가 높아질 것 같았다. 결혼하기 전까지 취미활동을 하지 않고 지낸 적이 없다.

책을 읽어야 한다고 생각하게 된 시기는 초등학교에 입학하고 고학년이 되어서였다. 산골의 작은 학교는 책이 그다지 많지 않았다. 수업 시간에 전과 책처럼 큰 시 모음집 책과 옛날이야기 책을 읽은 것이 전부다. 중학교에 들어가고 나서야 책다운 책들을 접했다. 나는 주로 장편소설과 시를 좋아했다. 소설은 이야기가 길게 이어지면서 장면마다 인간의 심리와 관계, 갈등, 사건 등 흥미를 끄는 요인이 많다. 저자의 철학이 녹여져 있다는 생각이다. 시는 감성을 담은 단어들이 주는 서정성이 좋았다. 단편은 읽다가 마는 느낌이 있어 읽기가 어려웠고, 에세이도 마찬가지였다. 장편을 쓰는 작가가 더 글을 잘 쓴다는 편견이 있었던 것 같다. 나이가 들고 내 마음을 들여다보면서 오만이고 지나친 자기 부심이라는 생각이 들었다. 지금은 단편도, 에세이도 모두 좋아한다.

직장 생활을 하면서 나에게 주어지는 업무는 실수 없이 완벽하게 해야 한다는 책임감이 강했다. 병원 내과나 결핵 병동에 있는 환자들은 담배를 피우지 못하게 했다. 담배를 피우는 것을 보면 압수하는 것이 규칙이었다. 나는 환자들이 어느 장소에서 언제 담배를 피우는지 다 알았다. 환자들이 담배를 피울까 염려되어 남들이 순회하지 않는 시간에 순회하러 갔고, 영락없이 담배를 피우는 환자들을 발견했다. 방금 담배를 사서 한 가피 꺼내 물었는데 내 눈에 띄어서 뺏긴 환자들은 뒤돌아서서 많은 욕을 했을 것 같다. 그때는 그것이 옳다고 생각했고, 잘했다고 생각하며 살았다.

학교에서 교사들이 학생들을 지도하는 목적이나 목표는 같지만, 지도하는 방식은 많이 달랐다. 어떤 교사는 학생의 정서 상태를 우선적으로 고려해야 한다고 생각하며 용인할 수 없는 행동을 하는데도 그냥 넘어가는 경우도 있었다. 때로는 학생에게 비어를 사용하는 경우도 있고, 여학생을 찬 바닥에 무릎을 꿇게 하는 일도, 치마 입은 학생들을 엎드려뻗쳐를 시키는 일도 있었다. 곁에 앉아 있는 교사가 학생을 지도할 때, 그 방법이 아니라고 생각되면 그렇게 하는 것이 아니라고 조언한답시고 간섭하기도 했다. 그럴 때 "내 반 학생은 내가 알아서 할게요."라는 대답을 들어야 했다. 그러다 보니 관계가 나빠져 오랫동안 소원한 관계로 생활하기도 했었다. 그래도 아닌 건 아니라고 생각되면 회의 중에 의견으로 제안해서 개선하려고 했다. 의견 충돌이 심해져 불편한 말이 오가는 일도 생겼다.

병원이든 학교이든 선배가 있고 선배 교사들이 있다. 나는 후배들에게는 가능하면 친절하고 믿음직하며 의지가 되는 선배가 되려고 노력했다. 반면, 선배가 선배답지 못한 행동을 했다거나, 지위를 이용하여 자신의 일을 후배에게 떠넘기는 행동을 하면 그냥 넘어가지를 못했다. 사리 분별을 가려서 바로 잡아야 한다는 생각으로 그냥 모른 척하지 않았다. 집에서 거의 맏이 역할을 하며 살다 보니 윗사람으로서 가져야 할 이상향 같은 것이 있었다. 참고 그러려니 했으면 생활이 편했을 텐데 그러지 못했고, 내 우물을 내가 파서 힘들기도 했다. 그럼에도 별반 후회가 없다. 오해는 시간이 지나면서 해결이 되었고, 나와 결이 같은 동료들이 내 편을 들어 주어 위로가 되었다.

병원 근무를 할 때는 2주를 근무하면 3일을 쉴 수 있도록 해주었다. 항상 기숙사 생활을 했기에 가끔 집에 갔다. 집에 가면 오랜만에 큰딸이 왔다고 엄마는 항상 따뜻한 밥을 해주셨다. 집에서 쉬면서 해주는 밥을 먹고 자고, 그렇게 시간을 보내다 병원으로 돌아가야 할 시간이 되면 엄마 곁에 누워 징징거렸다. 병원에 가기 싫다고 울 듯이 말했다. 엄마는 그때마다 당신이 부족해서 내가 힘들어한다고 여기셨다. 가정형편이 좋았다면 가고 싶은 대학에 갔을 텐데, 하는 미안한 마음을 늘 갖고 계셨다. 나는 집에 갈 때마다 그 마음에 부채질한 꼴이 되었다.

사람은 누구나 장점과 단점이 있다. 장점이 늘 장점이 되는 것이 아니고, 단점이 항상 나쁜 것만도 아니다. 장점이 어느 날 단점이 되어 곤란한 상황에 처하기도 하고, 단점이 예상하지 못한 가운데 좋은 결과를 가져오기도 한다. 내가 좋아하는 것을 찾아다니면서 하고, 나의 성장을 위해 투자하는 것이 도움이 필요한 형제나 이웃에게는 이기적으로 보일 수도 있겠다. 사회생활을 하면서 나의 기질이나 특성을 타인에게 강요하는 것은 좋은 목적이나 목표를 위한다고 하는 일이라지만, 다른 사람에게 불편감을 주기도 한다. 그렇다고 내가 나답게 살지 못한다면 그건 나일 수가 없다. 내가 무엇을 좋아하는지, 무엇을 하고 싶은지 발견하고, 나의 기질이나 특성 때문에 실수해서 어려움에 처해도 나를 인정하고 받아 줄 사람은 결국 나다. 있는 그대로의 나를 수용하며, 나의 내면을 살펴보고 변화되려고 노력하는 것이다.

06

결말은 언제나 긍정이다

"긍정적으로 살아라."라는 말을 들어보지 않은 사람은 이 세상에 한 사람도 없을 것이다. 긍정이란 그렇다고 인정하는 것, 좋은 방향을 바라다보는 것, 할 수 있다는 가능성을 믿는 것 등 다양한 상황에 대한 여러 가지 의미를 포함하고 있다. 어려움에 직면했을 때, 어떠한 태도와 마음으로 대처해 나가느냐에 따라 결과가 달라진다. 주문처럼 '나는 해낼 수 있어.', '나는 곧 괜찮아질 거야.'라고 하는 말 한마디가 나로서 살아갈 수 있게 해준다.

나는 가정형편이 매우 어려운 환경에서 자랐다. 아버지는 일제 강점기에 태어나셔서 일본에 징용을 갔다가 탈출하셨고, 한국 전쟁에 참전도 하셨다. 어려운 시절을 보내셨기에, 내가 어렸을 때는 폐결핵을 앓기도 하셨다. 언제나 병약하셨고, 든든한 가장의 역할을 하지 못하셨다. 결핍은 인간을 강하게 만든다. 가정형편이

어렵다 보니 어려서부터 나 스스로 인생을 책임지고 꾸려 나가야
한다고 생각했다. 불우한 환경을 불평하기보다는 있는 그대로 수
용하려고 노력했다.

어떤 사람은 나보다 더 좋은 환경에 태어났는데도, 자신의 삶
을 잘 꾸려 나가지 못하는 사람이 있다. 가정환경이 불우했기 때
문에 내가 지금 이러한 모습을 가지고 있는 것은 당연한 일인 양
여긴다. 자기 연민에 빠져서 술로 일상을 살아가며 세상을 탓하
기도 한다. 부모를 잘 못 만나서 하고 싶은 것도 할 수가 없고, 자
신이 무기력한 나날을 보내고 있다고 여기면서 말이다. 언제나
힘들다고 하며 온통 환경 탓, 부모 탓을 해댄다. 좋은 부모를 만
나지 못해 한탄하며 절망에 빠진 채 염세적인 삶을 지속하는 사
람들이 있다.

승승장구하던 사업을 접을 수밖에 없던 환경에 처했던 사람이
더 훌륭하게 성장한 사례도 많다. 거대한 꿈을 꾸며 하루하루를
긍정적으로 살아가시는 지인이 있다. 가장 도움이 되는 책이 무엇
이냐고 물었더니, 켈리 최라고 하는 여성이 쓴《웰씽킹》을 추천해
주었다. 저자는 산업화 시기에 공장을 다니면서 사회에 발을 내디
뎠다. 산업사회의 공장 근무 환경의 열악함을 참으며 학업을 이어
가겠다는 꿈을 꾸며 살았다. 그러다가 가장 친한 동료의 갑작스러
운 죽음으로 공장을 떠나 무작정 일본으로 떠나며 도전의 삶을 살

기 시작했다. 지금은 세계적인 여성 사업가로 성공했고, 사회적 기여에 앞장서며 리더로서 존경할 만한 삶을 살아가고 있다.

학교에서도 부모의 잘못된 모습이나 불우한 가정환경의 영향을 받아 학교생활을 제대로 못 하는 아이들이 많다. 억압적이고 강압적이며 폭력적인 가정에서 성장한 아이들은 심하게 반항적인 태도를 보이거나, 심한 우울증이나 무기력감에 빠져있는 경우가 많다. 어떤 아이는 지나치게 활발하고 사교적인 모습을 보이는 아이도 있다. 반면에 차분하게 자기 할 일에 집중하며 학교생활을 잘 해내는 아이도 있다.

강압적이고 폭력적인 데다 오랜 시간 훈계를 하는 부모 아래 자란 아이가 반항적 태도를 보이는 경우는 교사가 훈계 형태로 하는 말을 1분도 듣지 않고 다른 생각을 한다. 수업 중에 다른 행동을 하거나 교칙을 위반하여 야단을 듣거나 훈계를 듣게 되면 제대로 받아들이는 학생이 거의 없다. 잘못된 행동을 해서 지도를 할라치면 일단은 반항적인 태도를 취하며 대들거나 비아냥거리는 태도를 보인다. 교사가 들어보지 못한 말을 하거나 보지 못했던 태도를 보이면 교사도 당황스러워서 어떻게 해야 할지 모르는 상태에 빠지게 된다. 결국은 학생과 교사가 실랑이를 벌이다가 체념하고 방임하는 경우가 허다하다. 그러한 행동이 반복되면 학교생활이 재미없고 모두 자기 편이 아니라는 생각이 들게 되면

서 학교를 떠나기도 하고, 가정을 떠나기도 한다. 비행을 저지르
는 학생도 많다.

심한 우울증이나 무기력감에 빠진 아이들은 교우관계 형성에
어려움이 많다. 곁을 주지 않고 자신의 세계에 갇혀 있다. 친구들
이 말을 걸어도 묵묵부답이거나 그저 단순한 반응 이외는 말을 잘
하지 않고, 기분이 우울하다 보니 분위기도 우울하다. 처음엔 친
구들이 함께하려고 나름 노력해도 변화가 없으니, 관계는 더욱 멀
어지고 아이는 혼자 남겨지게 된다. 특히 여학생들은 함께하기를
좋아해서 매점이든, 화장실이든, 도서관 등 이동을 할 때 친한 친
구랑 같이 행동을 많이 한다. 친구 관계가 형성되지 않은 아이는
늘 혼자이다 보니 학교에 오는 것이 재미없고 고통스럽다. 결국
자퇴를 하거나 전학을 간다.

교직에 있으면서 교사로서의 교육철학은 학생들의 가능성을 보
아주는 것, 학생 한 명 한 명을 절댓값을 가지고 가치를 알아주는
것이었다. 스스로 설 수 있게 도와주는 것, 도움을 줄 수 있는 사람
이 되는 것이었다. 자신에 대한 자부심, 자존감을 가지며 사람들의
인정과 존경을 받는 사람이 되는 것이었다. 가르치는 사람으로 학
생들 앞에 서 있는 한 학생들이 잘한 것은 잘한 것이고, 잘못된 것
은 잘못된 것이라고 단호한 태도를 취했다. 나 자신은 게걸음으로
옆으로 갈지언정 학생들은 바르게 가야 한다고 생각했다. 어떻게

하면 교육철학을 이룰 수 있을까, 매 순간 깊이 생각하며 보냈다.

남학교에서 2년을 근무하다 여학교로 전근을 하게 되었다. 수업하기 위해 교실에 들어갔는데 가장 뒷자리에 앉아 있는 여학생 한 명이 책상에 엎드려 있었다.

"일어나라."
"얘 아파요."

"네가 그 학생 대변인이니?, 변호인이니?, 직접 자기가 이야기하라고 해라. '저 몸이 불편해서 수업 시간에 책상에 엎드려 있어도 될까요, 엎드려 있으면 좋겠습니다.'라고 자기 일을 직접 말할 수 있어야 한다. 직접 말할 수 없을 정도면 병원에 가서 치료받고 집에 가서 안정을 취하는 것이 맞다."

순간 교실 분위기가 싸늘해지면서, 대신 말해 준 학생은 대신 말해 준 것뿐인데 야단을 들은 상황이었고, 엎드려 있었던 학생은 아파서 엎드려 있었던 것뿐인데 야단을 들은 상황이 되었다. 모두 억울한 상황이 되어버렸고 여학생들은 울었다. 우는 학생들을 보며 내가 실수를 했음을 알게 되었다.

남학생과 여학생은 아주 달랐다. 남학생 다루듯 여학생을 다루면 안 된다는 것을 여학생들의 반응을 보며 깨달았다. 남학생들은 여학생보다 단순해서 바로 잘못을 시인하거나 대수롭지 않게 여겼다. 지난 시간에 야단을 들었어도 다음 시간이면 언제 그랬냐는 듯이 밝은 모습으로 있었다. 반면에 여학생들은 감성이 풍부하고, 남학생보다 예민해서 감정적으로 더 어려워하고 힘들어했다. 다음 시간에 들어가면 눈치를 보며 여전히 지난 시간의 감정이 남아있고, 복도를 오가면서도 본체만체 '나 감정 상했거든!' 하는 태도를 고수하기 일쑤였다. 게다가 각색된 뒷담이 이어지고 오해와 왜곡이 발생하며, 심하면 학부모와 교사의 갈등으로 확대되는 일이 빈번하게 일어났다.

여학생의 반응을 보며 어떻게 지도해야 하는가에 대하여 많이 고민했다. 문제를 발견하고 답을 찾기 위하여 생각을 계속하다 보니 답이 나왔다. 고등학생이라고는 하지만 아이들이 사회적 태도에 대해 잘 모르기 때문에 생기는 불편함, 오해가 많다는 것을 알게 되었다. 처음엔 그저 이 정도는 기본이니 아이들이 알고 있는 것이 당연하다 여기면서 내 기준대로 판단한 것이 많았다. 그 기준을 적용하다 보니 학생들은 모르고 무심코 한 행동인데 '선생이 너무하네.'라고 하며 억울한 생각이 들었을 것이다.

학생들을 지도하는 방법을 바꾸었다. 새 학년이 시작되고 새로운 학생들을 만나면 기본적인 생활 태도에 대해 오리엔테이션을 실시했다. 수업 준비 방법, 수업 태도, 교우관계 형성하는 방법, 잘 못했을 때 말하는 방법, 사회적 예절 등을 알려주었다. 한번 말한다고 모든 학생들이 잘 기억하고 행동으로 옮기는 것은 아니었다. 나의 지도 방향에 따라 서로 익숙해지기까지 적어도 한 달이 걸렸다. 일주일에 한 번 수업을 들어간다고 했을 때, 4주는 지나야 어느 정도 자리가 잡혔다. 교사가 원하는 것이 무엇인지 알고 받아들이고 따라와 주었다. 잘 따라와 준 학생들에게 감사한 마음이 들었다.

사람들은 현재 내가 하는 행동의 원인이 어디 있는지 찾으려고 한다. 가정형편이 어려워서, 제대로 된 부모를 만나지 못했기 때문에, 교사가 잘못했기 때문에, 사회가 그러니까, 남들도 다 그렇게 하니까 이렇게 되었다고 생각한다. 이유를 밖에서 찾고 부정적으로 생각하면서 바람직하지 않은 태도를 취하는 경우가 많다. 이유가 다른 곳에 있다 하더라도 나라는 사람은 나를 지킬 수 있도록 노력을 해야 한다고 생각한다. 나를 지키려면 단점보다는 장점을 찾아 발전시킬 수 있어야 한다. 벌어지고 있는 상황을 냉철하게 파악하고 무엇이 문제인지 정확하게 찾아내야 한다. 답을 찾기 위해 시간을 투자하고, 문제에 집중하고, 스스로 답을 찾아내야 한다. 반복된 실수를 계속하면 자신에 대한 믿음이 없어지고 자존심에 상처를 입으며, 자존감은 낮아진다. 부정 뒤에 숨어있는 긍정을 찾아내고 실천하는 것, 긍정의 나로 살아가는 것이 답이다.

07

좋은 삶은 하루를 온전히 살아가는 것에서 시작된다

하루를 마감해야 하는 시간, 오늘을 닫아야 하는 시점이 되면 떠오르는 생각들이 있다. 오늘을 어떻게 살았는지 정리하며 내일을 계획하기도 한다. '오늘 하려고 했던 일을 다 했다.', '최선을 다해서 했고 결과도 좋다.', '어떤 일은 제대로 처리가 안 돼서 마음을 많이 끓여야 했다.', '접근 방식을 달리했으면 좋았겠다.', '내일은 오늘보다는 더 잘해야지.' 등 하루를 돌이켜 보는 시간을 갖게 된다.

퇴임하면 일상을 어떻게 살 것인가에 대한 많은 생각을 했다. 하고 싶은 일을 하자, 해도 되고 안 해도 되는 내가 좋아하는 일을 하자, 하고 싶은 일, 좋아하는 일을 열심히 하자고 결심했다. 오늘 하루도 내 마음에 들게 살아야겠다는 다짐도 했다. 내 마음에 든다는 것은 내 얼굴에 잘 표시가 나지는 않아도 평안한 잔잔한 미소가 떠오르는 하루이다. 가슴에 텅 빈 공간이 잘 느껴지지 않는 날이다. 후회감이 크지 않아 감사의 말이 저절로 나오게 하는 하루를 사는 것이다.

나는 책을 읽는 것을 좋아한다. 직장에 다니며 그날그날 해야 할 일을 제대로 해내다 보면 책을 읽는다는 것이 부담처럼 여겨진다. 학생들을 가르치는 위치에 있으니 '책을 읽는다는 것은 기본적인 것'이라는 자기 인식도 있고, 사회적 인식 또한 그렇다. 현실은 책을 읽는다는 것이 녹록한 상황이 아니다. 퇴임하고 나니 모든 시간이 나의 시간이다. 그동안 꼭 해야만 하는 일을 우선으로 하다 보니 책 읽기를 소홀히 했다. 오늘 읽고 싶은 책을 골라 들고 차를 마시며 읽기도 하고, 도서관에 들고 가서 읽기도 한다. 메모지에 읽으면서 생각나는 단상들을 메모하며 읽는다. 그저 기분이 좋다. 하루를 보람된 시간으로 채웠다는 충만함이 느껴진다. 독서 그 자체가 나의 성장이고, 모르는 단어가 나와 사전을 찾아 의미를 파악하면 배움이 더해진 것이다.

오랜만에 지인에게서 전화가 온다. 잔잔하게 반가운 마음이 뭉게구름처럼 가슴에 떠다닌다. 살짝 들뜬 목소리로 얼른 전화를 받는다. 밥 먹자며 언제 시간이 되느냐고 묻는다. 퇴임 후 하는 일들은 언제나 시간 조정과 배치가 가능한 일들이라 시간이 되는 것은 당연하다. 약속 시간을 정하고 설렘이 있는 상태로 기다림의 시간을 보낸다. 나는 어려서부터 집안일을 도맡아 해왔기에, 주저함 없이 요리를 할 수 있다. 선물 받은 밑반찬 재료가 풍부하니 내가 먹을 반찬을 하는 김에 한 통 더한다. 지인을 만나면 주겠다고 요리를 하니 그날따라 요리가 잘 된다.

돕고 사는 일에 관심이 많고, 지금도 돕는 일을 하고 있으며 앞으로도 계속하려고 한다. 병원에 있을 때는 환자의 병증 회복은 심리적 정신적 영향을 많이 받는다고 생각했다. 환자들을 돌볼 때 다쳤으니, 병에 걸렸으니 아프고 힘든 것은 당연하다고 여기면서 심리적 안정이나 회복 의지를 북돋워 주는 데 집중했다. 정신과 병동에 있을 때는 환자들이 다른 사람들에게 하지 못하는 이야기도 나에게는 진솔하게 했다. 교직에 있을 때도 어려운 환경에 있는 학생들을 기꺼이 돕기 위해 많이 노력했다. 나 또한 어려운 환경이었지만, 많은 도움의 손길 덕분에 지금의 나로 성장할 수 있었다. 돕는 일은 타인을 위한 일이지만, 결국은 나를 기쁘고 행복하게 하는 일임을 알고 있기 때문이다.

나는 자연과 교감하는 것을 좋아한다. 봄이면 여지없이 새싹이 올라오고, 때가 되면 예쁘면서 각양각색의 꽃이 핀다. 벌도 나비도 날아들어 부지런히 발놀림을 한다. 밝고 따스한 햇볕도 내 몸을 데워주고, 바람도 살갗을 부드럽게 지나간다. 비가 내려 기와지붕에서 떨어지며 작은 물웅덩이를 만들어 놓고 동그라미를 그리며 퍼지는 모습도 사랑스럽다. 양철 지붕을 때리며 요란스럽게 소리를 내는 비도 나를 끌어 당겨주고, 버스 정류장에 앉아 차가 지나가며 튕겨내는 물보라를 보면서 쾌감도 느낀다. 파란 하늘에 수도 없이 반짝이는 별 하며, 물먹은 초승달도 내 눈 안에 들어온다. 내 눈에, 내 마음에 들어오는 것들은 온전히 내 것이 되어 준다.

매 순간 좋은 일만 있는 것은 아니다. 차를 몰고 항상 다니던 T 자형 도로를 막 벗어나 좌회전을 하는데 택배를 하는 오토바이가 달려와서 내 차와 부딪혔다. 앰뷸런스도 오고, 경찰차도 오고, 나는 죄송하다고 빌고 또 빌었다. 운전을 그런 식으로 하면 어떻게 하냐는 일방적이며 공격적인 말도 들어야 했다. 우측에 큰 차가 있어서 시야 확보도 안 됐고, 잠시 섰다가 움직였는데 사고가 나서 내가 8, 상대방이 2가 나왔다. 경찰서에 불려 가 조서도 썼다. 상대방이 입원하지 않아도 될 정도의 골절과 심한 타박상, 오토바이 손상 등의 손실이 있었다. 이래저래 운수가 좋지 않은 날이었다. 그럼에도 불구하고 피해자가 많이 다치지 않아 감사하다는 말이 입 밖으로 나왔다.

함께 같은 공간에서 살거나 같이 협력해서 일을 해야 하는 상황에서 다른 사람에게 거는 기대가 있다. 내가 이것을 하면 상대방은 알아서 저것을 해주기를 바란다. 혼자서 모든 것을 다 하려고 하면 힘에 부친다. 힘이 들면 '내가 왜 이것을 다 해야 하지.', '나만 힘드네.' 하며 손해 본다는 생각이 든다. 더군다나 나의 수고로움을 당연한 것처럼 여긴다. 힘들다고 하소연이라도 한마디 할라치면 듣기 싫다며 이야기 자체를 거부하기도 한다. 뭐 그런 것을 가지고 불평을 한다며 대수롭지 않게 여긴다. 섭섭한 마음이 산처럼 커지고, 응어리진 마음은 어느 날 용암이 분출하듯 감정이 폭발하게 될 때도 있다. 상한 마음을 혼자 풀어야 하는 날도 많다.

서로 다른 사람들이 만나서 함께 살고 함께 일을 한다는 것은 여간 어려운 일이 아니다. 기대가 크면 실망도 크다고 했던가. 나로서 잘 살 수 있으려면 실망감을 해결하는 지혜가 필요하다. 상대방을 바라다보며 '어련히 알아서 나의 기대감을 채워주겠지!' 하는 마음은 빨리 벗어나는 것이 상책이다. 내가 원하는 것을 몇 번 이야기 했으니 당연히 그렇게 하겠지, 하는 것은 오로지 나만의 바람일 때가 많다.

우리는 모두가 좋은 삶을 살고 싶어 한다. 좋은 삶을 산다는 것은 어떻게 사는 것인가. 나는 좋은 삶을 산다는 것을 5가지로 생각한다. 첫째는 내가 하는 일에 가치를 부여하는 삶이다. 작은 일이든 큰일이든 나의 시간과 노력이 들어가는 일이다. 무가치한 일이라면 할 필요가 없다. 둘째는 조화로운 관계를 형성하는 삶이다. 사람은 혼자 살 수 없다. 싫든 좋든 다른 사람과 관계를 형성하며 살아간다. 조화로운 관계는 삶을 훨씬 더 풍요롭게 해준다. 셋째는 성장이 일어나는 삶이다. 성장이 없는 삶은 무기력감을 느끼게 한다. 자신에 대한 실망감이 커지면서 무엇을 하며 살았는지 회의감을 갖게 한다. 넷째는 사회적 기여를 할 수 있는 삶이다. 사람들은 알게 모르게 다른 사람의 도움을 받으며 살아간다. 가끔 "나는 자수성가했어.", "온전히 혼자 힘으로 성공했어."라고 말하는 사람이 있다. 자수성가하기 위해 죽을힘을 다해 노력했다는 것은 인정한다. 성공을 잘 들여다보면 다른 사람의 도움이 있었다는 것을 알게 될 것이다. 다섯째는 내 삶에 책임을 다하는 삶이다. 실수한 것도 자신이고, 실패한 것도 자신이다. 환경 탓, 남 탓을 하는 것은 어른이 되기 전까지 하는 것으로 족하다. 어른이 되면 모든 선택과 결정과 행동의 책임을 자신에게서 찾아야 한다고 생각한다.

세상 한가운데 든든하게 나로서 우뚝 설 수 있어야 한다. 내가 성장하고 내가 행복해야 다른 사람이 내 마음에 들어온다. 내가 행복해야 도움을 줄 수 있다. 내가 기쁘지 않고 불안하고 행복하지 않은데 다른 사람을 돌아볼 여유는 없다. 내가 당당하게 주체적으로 삶을 헤쳐 나갈 수 있어야 한다. 실수한 나를 보며 주변에서 사회적 기대에 부응하지 못했다고 비난하는 소리가 들려올 수도 있다. 혹자는 나의 행태를 구체적으로 제시하며 이기적인 삶을 사는 것 아니냐는 비판을 노골적으로 할 수도 있다. 그럼에도 불구하고 나 자신은 스스로 챙길 수 있어야 한다. 오늘을, 또 다가오는 오늘을 온전하게 살아가려면 내가 발전하고 성장해야 한다. 내 삶을 주체적으로 선택할 수 있어야 한다.

02

01

한 주의 목표를 설정한다

사람들은 누구나 크고 작은 목표를 가지고 살아간다. 목표는 도달하고 싶은 성취, 이루고자 하는 성과를 말한다. 목표가 있어야 자신이 가고자 하는 방향을 알게 된다. 바람직한 자신의 모습을 갖추기 위해 노력하며 삶의 긴 여정을 살아갈 수 있게 된다. 지향점이 없다면 하루를 살아도 무의미하게 보낼 수 있다.

목표를 정할 때는 구체적으로 달성할 수 있는 수준이고, 자신의 능력과 부합하며, 기간이 정해져 있어야 한다. 막연하게 성적을 올려야지, 다이어트를 해야지 하는 목표는 적절하지 않다. 목표라고 하는 것은 내가 가고자 하는 방향을 정확하게 알려주는 지표와 같은 역할을 한다. 지금 내가 무엇을 하고 있는지, 어떻게 하고 있는지, 어느 지점까지 도달했는지, 제대로 하고 있는지 등을 정확하게 평가하는 잣대가 되는 것이다.

목표를 설정하는 기준은 여러 가지가 있다. 내가 이루고자 하는 일의 중요도를 반영하여 우선순위에 따라 목표를 수립하는 것도 매우 중요하다. 중요하면서 시급한 것을 먼저하고, 중요하지만 시급하지 않은 것, 부가적인 것 순서로 우선순위를 정해야 한다. 시험이 한 달 앞으로 다가왔고, 시험 결과가 내 삶에 미치는 영향이 크면 시험 준비를 철저히 하는 것이 시급하면서도 중요한 순위에 해당할 수 있다. 취미로 하고 있는 그림그리기, 옷 만들기 같은 일은 중요하긴 하지만 좀 더 유연하게 상황을 고려해 가면서 적절하게 배치할 수 있다.

계층화시켜서 목표를 정할 수도 있다. 상위 목표와 하위 목표가 있어, 하위 목표가 충족되어야 상위 목표에 도달할 수가 있다. 목표를 정했다면 어떻게 그 목표를 달성할 것인지 실행 계획을 세워야 한다. 예를 들어, 결혼을 꿈꾸는 사람이 있다면 결혼하기 위한 하위 목표를 달성해야 결혼을 할 수 있다. 가정을 꾸릴 수 있는 공간인 집을 마련해야 한다. 집을 마련하려면 취업을 하고 돈을 일정 수준 이상으로 저축해야 한다. 결혼할 대상도 있어야 하니, 평생 함께할 대상자를 만나고 서로를 알아가기 위해 시간과 노력을 해야 한다.

학생이라면 학업 성과를 올리는 일이 가장 높은 수준의 목표가 된다. 수업을 듣고 배운 내용을 제대로 습득하고 알고 있는가는 평가를 통해서 결정된다. 모든 학생들은 공부를 잘하고 싶어 한다. 잘하고 싶다고 해서 모두 같은 성과를 얻지 못한다. 높은 수준의 성과를 올리고 싶다면 목표를 구체적으로 설정해야 한다. 평균 점수를 얼마 이상 도달하겠다든지, 특정 과목을 몇 점 이상 올리겠다든지 하는 목표가 있어야 한다. 마음속으로만, 머릿속으로만 생각하는 것은 안 된다.

목표는 기간에 따라서도 나눌 수 있다. 수년에서 수십 년이 걸리는 장기 목표, 1년이나 2년 정도에 걸쳐 도달할 수 있는 중기 목표, 1주나 한 달 내에 이룰 수 있는 단기 목표 등이 있다. 원하는 성과를 얻을 수 있으려면 연간 목표, 월간 목표, 주간 목표, 일 목표로 시간을 단위로 목표를 세워야 한다. 하루 동안 달성할 수 있는 목표를 기본으로 해서 중기 목표, 장기 목표에 도달할 수 있게 되는 것이다.

내가 원하는 일을 하기 위해 목표를 설정했다면, 기본이 되고 신경을 써야 하는 것은 마음가짐이다. 막연한 기대나 바람으로 이룰 수 있는 것은 세상에 없다. 목표 달성을 위한 출발점이 되는 것이다. 단단히 마음을 먹고 도전해도 중간에 포기할 이유가 많이 생기기 때문이다. 흔히 작심 3일이라고 이야기하듯, 며칠 열심히 하다가 금방 마음 상태가 무너질 수 있다.

마음가짐에서 요구되는 구체적인 요소들의 첫 번째는 자기 믿음이다. '나는 할 수 있다.'라는 자기 확신이다. 어떤 어려움이 있더라도 할 수 있다는 자기 믿음을 확고히 해야만 한다. '나는 어려울 거야.', '능력이 없어.' 등 자신을 의심하는 마음은 행동을 멈추게 하는 원인이 된다. 누구든지 목표에 도달하지 않으려고 계획을 세우지는 않는다. 아주 좋은 계획을 세워 놓고도 목표를 이루지 못하는 것은 자신이 해낼 수 있다는 신뢰가 없고, 실천하지 않기 때문이다.

두 번째는 끈기와 인내이다. 그만두어야 할 이유를 들자면 한도 끝도 없다. 둘도 없는 친구가 갑자기 만나자고 한다. 자주 만나서 일상을 공유하고 고민을 나누며 서로 의지가 되는 친구이고, 평생 함께하고 싶은 친구이다. 외면할 수 없으니 오늘 계획은 미룰 수밖에 없다. 집안에 큰 행사가 있다. 모든 가족이 다 모여야 하는 자리이다. 내가 빠지면 친목을 크게 해칠 수도 있으니 역시 거절하기 어렵다. 외부적인 이유뿐만 아니라 힘들다, 어렵다, 지친다 등의 내부적인 요인도 많다. 어떠한 어려움이 와도 포기하지 않으며, 참고 견딜 수 있는 꾸준함과 인내로 이룰 수 있다.

세 번째는 성장 마인드 셋이다. 내가 하는 방법이 늘 성공하지 않을 수도 있다. 옳다고 생각하고 앞으로 나아갔는데 실패할 수도 있다. 어느 순간 능력의 한계에 와 있다고 생각될 때도 있다. 넘어야 하는 벽이 높아서 주저앉고 싶은 순간도 있다. 게다가 나를 도와주는 사람도 없는 것 같다. 그럴 때마다 목표에 집중하고 성장할 수 있음을 생각하며 뛰어넘으려고 노력해야 한다.

네 번째는 계획을 세우고 목표를 달성하는 데 있어서 자신의 능력을 스스로 진단할 수 있어야 한다. 자신이 할 수 있는 능력을 벗어난 계획표는 처음부터 목표에 도달 불가능이라는 전제를 깔고 있는 것이다. 자신의 능력치를 정확하게 파악하고 시간을 단위로 해서 할 수 있는 크기, 양을 정할 수 있어야 한다. 같은 일을 해도 사람들은 제각기 이해 능력이 다르고, 일하는 속도가 다르고, 현재 숙련도가 다르다. 같은 목표라고 해서 다 같은 계획표가 나올 수가 없는 것이다.

교직에 있으면서 학생들이 성적을 올리기 위한 계획표를 짜는 것을 많이 보았다. 계획표를 제대로 짤 수 있는 학생이 불과 몇 명 안 된다. 자신의 능력을 바탕으로 치밀하게 계획을 세우지 못하니 계획표는 언제나 의미가 없다. 목표설정과 계획표를 짜는 방법을 많이 가르쳐 주었다. 계획표 짜는 방법을 구체적으로 알려줘도 무슨 말인지 잘 알아듣지 못하는 경우가 절반도 넘는다.

수업을 들으면서 시험공부를 해야 하는 상황에서 계획표를 짤 때는 순수하게 자기 스스로 공부할 수 있는 시간이 얼마나 되는지 정확하게 파악해야 한다. 학교 등하교 시간, 수업 시간, 학원 수업 시간, 잠자는 시간, 식사 시간, 휴식 시간, 세면 시간 등을 모두 제외해야 한다. 주말에도 마찬가지다. 주말에는 가족 행사, 집안일, 친구와의 교제 등을 고려해야 한다. 하루 중 나만의 공부 시간과 주말에 할 수 있는 공부 시간을 추출한 후 자신의 능력을 고려한 계획표를 세워야 한다. 불특정한 상황, 심하게 몸이 아프다든지, 급하게 처리해야 하는 일이 발생한다든지 하는 것 때문에 미룰 수밖에 없는 계획을 실행하기 위한 여분의 시간도 넣어야 한다.

학업 계획표를 나의 특성에 맞게 구체적으로 짤 수 있었던 시기는 중학교 1학년 기말고사 때이다. 중간고사가 끝나고 학급 친구 중 하나가 나에게 가까이 와서 아주 진지한 표정을 지으며 선전 포고를 하듯 말했다. "나는 기말고사 시험공부를 열심히 해서 너를 따라잡고 말 거야." 많이 당황스러웠던 나는 "그래라."라고 대답했다. 그때까지만 해도 시험공부를 구체적으로 어떻게 해야 하는지도 몰랐고, 시험공부 계획표라는 것을 제대로 짜본 적도 없었다. 그래서 나는 나름의 계획표를 짜고 시험공부를 했다. 결국 그 친구는 고등학교 때까지 나를 한 번도 따라잡지 못하고 졸업했다.

퇴임하고 나서 일상의 루틴을 세우고 실천하며 사는 일이 나의 주된 목표가 되었다. 제3막의 인생을 어떻게 살아가느냐를 좌우하는 시작이 되는 것이다. 일상을 위한 루틴으로 설정한 항목들을 실천하기 위한 주간 목표를 세웠다. 책 읽기, 블로그에 포스팅하기, 성경 타이핑하기, 건강 관리를 위한 스트레칭하기 등을 정하고 매일 조금씩 실천하고 있다.

내게 주어진 삶을 포기하지 않고 지치더라도 다시 힘을 내서 살아갈 수 있으려면 삶을 지탱 해 주는 습관을 형성해야 한다. 습관을 형성하려면 누군가는 열한 번 이상을 지속적으로 해야 습관이 된다고 말한다. 어떤 이는 간단한 습관이 형성되려면 21일에서 30일이 걸린다고도 한다. 결국은 목표를 설정하고 꾸준히 일정 기간 반복해야 나의 습관이 되는 것이다. 작든 크든 목표가 있다면 주간 목표를 세우고 일 단위로 쪼개서 매일 꾸준하게 실천해야 한다. 며칠쯤 이탈해도 다시 돌아올 수 있는 회복 탄력성이 있어야 한다. 회복 탄력성을 바탕으로 꾸준히 실천하면서 목표를 이루어 가면 좋겠다.

02

감사 기도로 시작하는 하루

알람을 맞춰 놓고 잠들지 않아도 오랜 습관으로 매일 아침 비슷한 시간에 잠에서 깬다. 깊은 잠이 들어서 누가 현관문을 열고 들어오는지도 모른 채 자는 날도 있다. 피곤에 지친 나머지 쓰러져 잤는데도 늘 일정한 시간에 잠에서 깨는 것이다. 잠은 시계가 깨우는 것이 아니라 신이 깨운다는 말이 있다. 신이 나를 깨우는 것은 세상에 살아남아 아직은 할 일이 있다는 뜻일 것이다. 의식이 깨어나는 순간, 나는 항상 하는 기도가 있다. '오늘도 온전한 생명을 허락해 주셔서 감사합니다.'라는 기도로 하루를 연다. 나는 크리스천이다.

나에게는 2살 차이 나는 여동생이 하나 있고, 4살 차이 나는 남동생이 있다. 초등학교도 입학하지 않은 어린 남동생이 어느 날 시름시름 아프기 시작했다. 아버지가 월남해서 낳은 하나밖에 없는 친아들이었다. 시골에서 닭을 많이 키웠는데, 알을 낳으면 따뜻한 온기가 있는 알을 먹이려고 어린 남동생만 불렀다. 젓가락으로 구멍을 낸 후 남동생에게 주면 쭉쭉 소리를 내며 잘도 먹었다. 구멍을 낸 후 화롯불에 구워주기도 했다. 뽀글거리며 구워지는 계란 냄새가 지금도 콧속으로 들어온다. 딸들인 우리는 그저 부러운 얼굴로 조그만 손을 모아 잡고 바라보기만 해야 했다. 원기소라는 영양제를 사서 남동생에게만 주는 것을 알고 몰래 꺼내먹다 들켜 혼이 난 게 한두 번이 아니었다.

금이야 옥이야 기르던 남동생이 어느 날부터 시름시름 아프기 시작했다. 병원이 멀어서 엄마가 등에 둘러업고 병원에 다니셨고, 좋다는 약을 구해다 먹여도 차도가 없었다. 답답한 나머지 아이를 데리고 점집을 갔더니 점쟁이가 상문이 걸렸다고 했다. 상문이란 초상집에 갔다가 사자의 영이 씌워서 병이 났다는 뜻이다. 상문살이 들었기 때문에 굿을 해야만 한다고 했다. 부모님들은 점쟁이 말대로 굿을 하셨다. 굿하는 것을 바라다보며 마당 구석에 서 있었는데, 춤을 추며 방울을 흔들던 무당이 여동생을 가리키며 "저 애 때문에 점괘가 안 나온다."라고 하며 동생을 굿 마당에서 쫓았다고 한다. 굿을 해서 그런지, 아니면 회복될 때가 돼서 그런지는 모르겠지만 남동생은 건강을 되찾았다.

여동생은 어려서 교회를 다니기 시작했고, 종교 생활을 하다가 종교 안에서 사람을 만나 결혼했다. 교대를 가려고 공부하던 남편을 목사로 만들기 위해 염원을 하여 신학대학을 가라고 했고, 지금은 개척교회를 운영하고 있다. 나는 그때만 해도 불교에 몸을 담고 있었다. 자기 성찰적 종교이고 전통적으로 내려오는 사고 형태가 나와 부합했다. 엄마와 여동생은 나에게 교회에 다니라고 계속 이야기를 했고, 끊이지 않고 기도를 해주었다.

결혼한 후에 알게 된 사실이, 시댁에서는 기독교를 천하에 몹쓸 종교로 여겼다. 돌아가시고 안 계셨던 시아버님부터 시작해서 온 가족이 기독교를 탐탁하게 여기지 않았다. 심지어 교회에 다니려면 당신 집에 발도 들여놓지 말라 하셨다. 아이러니하게 형님은 어려서부터 교회에 다녔고, 결혼 후에도 교회에 다녔다. 형님은 지금도 여전히 열심히 교회에 나가고 있다. 형님의 여동생 남편도 목회 활동을 하며 교회를 운영하고 있다.

내가 결정적으로 크리스천이 되기로 마음먹은 것은 시댁 식구들에 대한 반발심이 가장 컸다. 소위 종교의 자유라고 하는 것이 있는데, 종교의 선택을 강제하며 비난하는 것이 마음에 들지 않았다. 종교는 관념의 차이, 생각의 차이에서 오는 다름이라고 여겼다. 종교의 형태는 다르지만, 인간이 살아가면서 지향하는 가치는 같다고 보았다.

엄마는 대놓고 "나 죽기 전에 소원이다, 교회에 나가라."라며 경상도 특유의 강한 억양의 격앙된 목소리로 윽박지르다시피 말씀하셨다. 엄마를 보러 갔다가 집으로 돌아오는 길은 한 시간 정도 걸린다. 운전하면서 음악을 들으며 어슴푸레하게 어두워지는 늦은 저녁 시간에 돌아오곤 했다. 집으로 돌아오는데 불현듯 '죽은 사람 소원도 들어준다는데 산 사람 소원은 말해 뭐 해.'라는 생각이 들었다. '그래 교회에 나가자.'라고 결단했다.

그다음부터 동생 집에 가면 예배에 참석했다. 처음 예배를 드리러 교회에 가기까지, 가끔 예배에 참석하기까지 꽤 오랜 시간이 걸렸다. '하나님 아버지!'라는 소리가 쉽게 나오지 않았다. 하나님을 사랑한다는 느낌도 없었고, 예수님이 나를 사랑하는지도 알 수가 없었다. 성경책도 잘 읽히지 않았고, 목사님 설교도 귀에 잘 들어오지 않았다. 동생이 사는 지역에 어쩌다가 가게 되면 예배에 참석하는 것이 다였다. 나에게 맞지 않는 옷을 걸치고 다니는 느낌이 많이 들었다. 마음으로 받아들여야 하는데 그것이 어려웠다. 나는 종교인으로서 기본적인 모습을 갖추기 위해 아주 조금씩 나 자신을 물들이기로 마음먹었다. 점차 교회에 다니는 시간이 늘어나고, 성경을 조금씩 보게 되고, 목사님 말씀이 귀에 들어오며 감동이 오기 시작했다.

교회를 본격적으로 가야겠다고 생각한 나는 집 주변 교회를 다니며 새벽 예배, 주일 예배 등에 참석했다. 여러 교회를 다녀보며 교회 분위기를 파악했고, 목사님들의 설교를 들어보았다. 그중에 나의 마음에 들어온 교회가 수원성교회였다. 담임 목사님 말씀이 담백하면서도 이해하기 쉽게 설교를 하셨고, 분위기도 차분한 것이 좋았다. 나는 내성적인 성향이 강해 들떠 있는 분위기는 나와 맞지 않았다. 교회 운영도 민주적으로 하고 있었다. 주일 예배에 참석하고 담임목사로 계시는 안광수 목사님 말씀을 들으면서 성령으로 임재하는 하나님, 하나님의 사랑이 무엇인지 알게 되었다. 목사님의 설교를 들을 때마다 감동을 받았고, 내 눈은 젖어있는 날이 많아졌다. 은혜로움을 경험하면서 나의 신앙이 조금씩 성장했다. 감사함이 무엇인지 알게 되었다.

신앙이 자라면서 나를 주관하는 것은 신이라는 생각을 하게 되었고, 신에게 나를 온전히 맡기는 것이 어떤 것인지 체험하게 되었다. 지금까지 삶의 문제에 직면했을 때, 그 문제를 껴안고 씨름하며 해결하려고 스트레스를 받았던 것들이 많았다. 학생들, 학부모들과의 갈등 문제, 가족 내에서 발생하는 크고 작은 문제, 조직 구성원으로 겪어야 하는 문제 등 셀 수 없이 많았다. 대부분의 문제는 나 혼자만으로 해결할 수 없는 문제들이었다. 나 혼자 해결할 수 있는 것은 문제도 되지 않았다. 내 능력으로 해결하면 충분한 것들이니까.

그리스도인이 되면서 깨닫게 되었다. 많은 문제들이 내 능력

밖의 일이라는 것, 내 능력 밖의 일을 끌어안고 고민할 필요가 없다는 것을. 문제를 분석해 보고 나의 능력으로 해결할 수 없는 일이고, 다른 사람의 변화가 바탕이 되어야 해결될 수 있는 문제는 고민하지 않기로 했다. 신의 영역으로 맡기자고 결정하면서 나는 기도하는 사람이 되었다. 지금까지 살아오면서 해결할 수 없는 문제로 인해 지나친 스트레스를 받으며 심한 편두통에 시달렸다. 편두통이 발생하는 원인을 정확한 진료를 받으며 알게 되었고, 신에게 문제를 의탁하면서부터 심한 편두통에서 벗어나는 계기가 되었다. 자다가 깨어나면 다시 잠들지 못하는 불면증도 해소되었다.

기도하는 사람이 되면서, 하루하루를 살아가면서 경험하는 모든 것이 다르게 보이기 시작했다. 세상에 존재하는 모든 것이 나름의 빛을 내고 있다고 생각하게 되었다. 특히 세상을 움직이는 생명체에 대한 신비로움을 느꼈고, 생명체 하나하나가 세상에 보내진 이유가 있다는 것을 알았다. 정확하게 어떤 사명을 가지고 세상에 존재하는지는 알 수가 없었지만, 가치를 지닌 존재임은 부정할 수가 없었다. 세상의 모든 것과 함께 내가 존재하는 것 자체가 감사함이라는 것을 깨달았다. 감사함을 알게 되면서 기도라는 것이 자연스럽게 내 것이 되었고, 일상이 되었다.

기도는 나의 사명을 찾아가는 시간이다. 나만을 위한 삶보다는 더불어 사는 삶이 더 보람되고 기쁜 일이라는 것을 가르쳐 준다. 기도는 자기반성, 성찰의 시간이다. 기도 중에 순수한 나를 볼 수 있게 되고 선함을 추구하는 것인지, 나의 이익만을 찾은 것인지 알게 된다. 거짓된 나인지, 신실한 나인지 아는 시간이 된다. 기도는 사랑의 실천을 다짐하는 시간이다. 나를 진정 사랑하는 것이 어떤 것인지, 다른 사람을 어떻게 사랑해야 하는지 알게 한다.

기도는 무너지는 나를 일으키는 시간이다. 고통이나 환란으로 힘들어하고 절망에 빠질 때, 예수님보다 더 힘든 자가 세상에 없었음을 알게 한다. 내 마음속에 들어와 잔잔한 빛으로 어둠을 밝혀주고 앞으로 나아갈 수 있게 한다. 기도는 감사함을 고백하는 시간이다. 고난과 역경을 극복할 수 있는 힘을 주고, 삶을 살 수 있게 한 동반자가 되어 주었음에 감사하는 시간이다. 기도는 나의 연약함을 받아들이는 시간이고, 나의 영혼이 깨달음을 얻으며 성장할 수 있는 시간이다.

오늘 하루를 시작하게 하는 것은 알람 소리가 아닌, 신의 음성으로 열린다고 한다. 신이 허락한 날이기에 나는 오늘을 살 이유가 충분히 있다. 어제와 오늘이 별반 다르지 않은 날의 연속이다. 어찌 보면 지루한 일상이 반복된다는 느낌이 든다. 어제 했던 일을 오늘도 해야 하고, 내일도 똑같은 일상이 이루어진다. 그렇다고 어제와 오늘이 같은 날은 아니다. 분명히 다른 날이고 다른 삶이 이어지는 날이다. 오늘 생명을 나에게 허락한 것은 새로운 나로 살아가라는 의미가 아닐까. 삶이 다하는 그날까지 감사 기도로 시작해서 하루를 열고 감사 기도로 하루를 닫는 삶이 되었으면 한다.

잠들었던 세포를 깨우는
아침 루틴 운동

      나는 걷는 것을 좋아해서 직장에 출근하거나 이동을 하게 되면, 대중교통을 이용하거나 걸을 만한 거리는 걸어다녔다. 학창 시절엔 왕복 세 시간을 걸어서 다닌 적도 있었다. 걷는 것은 어려울 게 없는 활동이었고, 높은 산도 남들보다 잘 다닌다고 자부하는 나였다. 자가용으로 직장에 출근하기 시작하면서 앉아 있는 시간이 늘어났고, 내 몸은 서서히 약해지는 부위가 나타났다.

  가장 먼저 약해졌다는 신호가 오기 시작한 부분은 허리였다. 쪼그려 앉아서 손빨래를 조금 했는데 5분도 안 돼서 허리가 끊어질 듯이 아파 일어날 수가 없었다. 허리에 손을 받치며 천천히 겨우 일어서서 통증이 사라질 때까지 한참을 기다렸다. 걸어서 이동하는 시간도 줄어들었고, 고등학교에 취업하면서 아침 일찍 출근하고 저녁 늦게 퇴근하는 일이 잦아져서 특별히 운동하는 시간을 갖기 어려웠다. 업무 특성상 서서 일하는 시간보다 앉아서 일하는 시간이 늘어났고, 운동을 해야 하는 필요성도 별반 느끼지 못한 탓이었다.

허리 통증이 오자 허리를 지탱해 주는 조직들이 많이 약해졌다는 것을 실감하게 되었다. 그때 내 나이가 고작 30대 후반이었다. 그날부터 허리 근육을 강화하는 운동을 조금씩 시작했다. 평평한 바닥에 똑바로 누운 채로 허리에 힘을 주며 곧게 뻗은 다리 전체를 들어 올리는 운동을 시작했다. 처음에는 하지 않던 운동이라 힘들었다. 무리를 했더니 허리에 알이 뱄다. 단단하게 뭉쳐서 통증이 여러 날 갔다. 운동의 강도를 줄여서 조금씩 야금야금 들어 올리는 횟수를 늘려 30회씩 3세트를 하게 되었다. 허리 통증이 사라졌고 견디는 힘이 향상되었다.

초등학교 고학년이 된 딸아이가 산에 가고 싶어 해서 원주에 있는 치악산을 갔다. 전에도 몇 번 올랐던 경험이 있던 산이라 쉽게 생각했다. 가파르지만 짧은 코스라 구룡사에서 정상을 갔다가 내려오기로 했다. 올라갈 때는 그런대로 잘 올라갔다. 그런데 내려올 때는 무릎이 너무 아파 제대로 걸을 수가 없어서 올라갔던 급경사 길을 피해 다른 길로 내려왔다. 그 길도 내려오는 것이 어찌나 힘들었는지, 어린 딸에게 의지하며 내려왔다. 한동안 다니지 않던 등산이라 무릎을 많이 다쳤다. 젊어서 한라산 정상을 비롯하여 꽤 높은 산을 다녔던 시절을 과신한 탓이다. 그래도 시간이 지나자 무릎 통증이 사라졌다.

가족 여행으로 속리산에 갈 기회가 생겼다. 여러 번 오른 산도 있는데, 속리산 정상은 가본 적이 없어서 기대가 컸다. 속리산 법주사를 돌아보고 바로 등산길에 올랐다. 문장대와 천왕봉으로 가는 갈림길까지 갔다. 천왕봉보다 조금 낮은 문장대로 가기로 하고 올라갔다. 생각보다 산이 험했고, 뜸했던 산행 덕분에 무릎이 심하게 아파 기다시피 올라갔다. 내려올 때 역시 더 심한 통증으로 다리를 절뚝거리며 내려왔다. 단순히 등산 후유증이려니 했는데, 무릎을 심하게 다쳤는지 그 뒤로 계단을 오르내리는 것도 힘이 들고, 무릎에서 뼈끼리 부딪치는 뚝뚝거리는 소리가 났다. 내 나이 40대 중반이었다.

무릎치료를 해야 할 필요가 있다고 판단했고, 무릎을 제대로 치료할 수 있는 권위 있다고 알려진 정형외과 병원을 인터넷으로 검색했다. 프롤로 치료 대부로 알려진 김용욱 원장이 운영하는 서울 압구정동에 있는 라파메디앙스 정형외과를 찾아냈다. 원장님은 너무 바빠 부원장님께 진료를 받았고, 진료 결과 퇴행성 관절염 진단을 받았다. 한 달에 한 번씩 토요일을 이용해 치료를 받으러 다녔다. 독일에서 수입한 프롤로 주사를 오른쪽 무릎에 맞았다. 한 번 갈 때마다 무릎뼈 사이에 있는 연골에 15회 정도의 주사를 맞았다. 처음엔 멋모르고 맞았는데, 횟수를 반복할수록 공포심이 커지면서 쉽지 않은 치료 과정이었다. 6회면 효과가 있을 거라 했는데, 별반 효과가 없어 2회를 더 다녔다. 그래도 차도가 없어서 내 피를 30 ML 정도 뽑아 원심분리를 한 후 혈장을 주사하는 방법으로 변경시켜 3회를 더 다녔다. 그 후에 어느 정도 차도가 있었다. 진료를 다니면서 의사 선생님께 무릎 주변 조직을 강화시킬 수 있는 재활 치료 방법이 있느냐고 여쭈어보았는데, 없다고 하셔서 마음속으로 크게 실망했다. 분명히 재활 방법이 있을 거라고 생각했다. 의사는 재활 방법에 대해서는 제대로 알고 있지 못하다는 생각이 들었다.

전문적인 운동을 하기 위해 피트니스 센터를 갔고, 개인 트레이너를 찾아 2년 동안 근력 강화 운동을 했다. 무릎을 오래 쓸 수 있도록 나에게 적합한 재활 치료 방법을 스스로 찾아냈다. 무릎 주변 조직을 강화할 수 있는 운동법이다. 가만히 누운 채로 발등을 앞으로 젖히면서 무릎이 아플 정도로 강하게 힘을 주기를 10초씩 세 번, 반대 방향으로 세 번을 반복했다. 무릎을 굽힌 채 두 다리를 들어 올려 자전거 타기를 20회씩 3회를 했다. 일정 시간이 지나자, 무릎을 지탱하는 주변 조직 힘이 좋아지면서 지금도 평지는 잘 걸어 다닌다.

발목도 어린 나이 때부터 가끔 삐었는데 그럴 때마다 유난히 한 쪽 발목만 다쳤다. 나이 들어 다치니 회복 기간이 훨씬 길어졌고, 회복이 되어도 불완전한 느낌과 불편감이 여전히 남아 있었다. 발목 주변 조직도 강화할 필요를 느꼈다. 매일 아침 누운 채로 발목의 회전 범위를 확보하기 위한 발목 돌리기 운동을 좌우로 20회씩 각각 3번을 반복하기 시작했다. 지형의 고르기 정도에 따라, 발을 헛디디거나 해서 중심을 잡기 힘든 상황에서도 순발력을 발휘할 수 있게 되었고, 특별히 나타나던 불편감도 사라졌다.

전문 트레이너에게 배운 상복부 근력, 하복부 근력, 팔 근육 등의 운동 방법을 접목시키고, 방송이나 인터넷을 통해 알게 된 운동 방법을 종합해서 나만의 운동 방법을 만들었다. 10년 넘게 지속적으로 하면서 부족한 부분은 조금씩 보완하며 루틴으로 하고 있다.

아침 루틴 운동은 잠자는 세포를 깨우는 시간, 눈을 뜬 시간에 누운 채로 발끝부터 시작한다. 다행인 건 내가 침대를 싫어해서 바닥에 이불을 펴고 자는 침실을 선호한다는 것이다. 잠에서 깨어나면 발목 회전운동을 천천히 한 다음, 무릎 힘주기 운동을 한다. 다음은 엉덩이 근육, 하복부 근육, 허리 근육, 상복부 근육의 잠을 깨운다. 등 근육, 팔 근육 부위별 힘주기, 다리 올리기, 허리 비틀기, 누워서 자전거 타기 등을 끝내면 엎드린 자세를 취한다. 엎드려서 활모양으로 등과 다리를 들어 올린 자세로 버틸 수 있는 만큼 버텨 주고, 팔 굽혀 펴기를 한 후 일어나 앉는 것으로 아침 스트레칭을 마무리한다.

침구를 정리한 다음 기도를 하고 일어난다. 미온수를 한 컵 들고 베란다에서 창밖을 보며 물을 씹듯이 천천히 한잔 마신다. 비염이 있는 사람들은 비염 증상이 있을 때, 따뜻한 물을 한 컵 마셔 주면 효과를 볼 수 있다. 나이가 들어 갱년기가 가까워지면서 없던 비염이 나타났고, 점점 더 심해져서 액티피드를 비상약처럼 들고 다니며 먹었는데, 따뜻한 물을 마시면서 약에 의존하지 않고서도 살아갈 수 있게 되었다.

입술이 마르고 잘 트는 사람들이 간혹 있다. 튼 입술을 손으로 뜯어서 상처가 나 피가 나기를 반복한다. 입술이 트는 것은 몸에 수분이 부족하다는 결정적인 증상일 수 있다. 내가 어려서 이런 증상을 겪었는데, 수분 부족인 줄 모르고 나는 '입술이 잘 트는 사람'이라는 잘못된 인식으로 살아왔다. 미온수를 아침에도 마시고, 자기 전에도 한 잔 마신 후로 입술 트는 일로 고생하지 않게 되었다. 말을 많이 하는 직업이나, 말하기를 좋아하는 사람들은 목이 마를 때 찬물보다는 따뜻한 물 마시는 것을 권한다. 특히 봄, 가을 건조한 계절에는 물만 잘 마셔도 목을 보호할 수 있을 뿐만 아니라 호흡기 질환을 어느 정도 예방할 수 있다.

건강은 삶의 질을 높이는 척도이고 행복하기 위한 필수 요건이다. 건강한 몸에 건강한 정신이 깃든다고 하지 않는가? 몸이 건강해야 의욕이 생겨 새로운 일에 도전도 할 수 있고, 하고 싶은 일을 하는 것도 가능해진다. 건강이 뒷받침되지 않는다면 할 수 있는 일이 아무것도 없다. 자신에게 맞는 적절한 운동을 만들어 꾸준히 실천하는 습관을 들이는 것은 온전한 나로 살아가기 위한 필수 요건이다. 건강할 때 관리하고 지켜야 건강한 노후를 보낼 수 있을 것이다.

균형 잡힌 식사로 건강 지키기

상차림을 보았을 때, 어떤 요리가 있으면 기분이 좋아지는가? 아이들은 고기류를 좋아하고 생선이나 나물 반찬, 야채류에 대한 선호도가 높지 않다. 자신이 좋아하지 않는 음식을 보거나 낯선 음식을 보면, 맛이 없는 음식이라고 간주하고 먹을 생각도 하지 않는 사람들이 많은 것 같다. 학교 급식에 전복 요리를 해주었는데 잔반에 전복이 그대로 버려진 것을 보았다는 이야기를 들었을 때, 식재료가 너무 아깝다는 생각을 지울 수가 없었다.

사회생활을 하다 보면 직장 동료들이나 친구들을 만나서 식사할 기회가 많다. 그럴 때마다 메뉴를 무엇으로 할 것인지 결정해야 한다. 함께 식사하려고 할 경우, 음식 선호도에 따라 메뉴를 정하기 어려울 때가 있다. 먹지 않는 종류의 요리도 있고, 항상 먹어도 질리지 않을 정도로 좋아하는 것도 있다. 고개를 절레절레 흔들 정도로 싫어하는 요리도 있다. 무엇을 먹고 싶은지 물었을 때, 메뉴를 골랐는데 싫다고 하면 난감한 상황에 직면하는 경우가 종종 있다. 나는 보신탕을 제외한 모든 음식은 가리지 않고 잘 먹는다. 음식에 대한 선호도가 없다는 것은 아니다.

딸아이가 어린이집에 다닐 때의 일이다. 식탁에 모여 밥을 먹기 시작했는데, 반찬을 입에 넣었다가 맛이 없다고 하며 뱉으려고 했다. 그 순간 "안돼, 먹고 몸에 이상이 있는 음식이 아닌 이상 입에 넣었으면 끝까지 먹어야 해."라고 단호하게 말했다. 새로운 요리라 먹어본 경험이 없고, 익숙한 맛이 아니라 맛이 없다고 느꼈는지 먹지 않으려고 했다. 나는 딸아이에게 새로운 재료로 만든 음식을 접할 때마다 음식을 대하는 태도에 대하여 설명을 해주었다.

"음식에는 재료가 가지고 있는 고유의 맛이 있어."
"싫다 좋다가 아니고, 맛있다 맛없다가 아니라 '이 재료는 이런 맛이 있구나!'라고 생각하면서 먹어봐."
"세상에는 다양한 음식이 정말 많은데 그때마다 익숙하지 않다고 안 먹으면 음식을 먹어볼 기회가 없어지게 되는 거야."
"처음 먹는 음식은 적어도 세 번은 먹어야 익숙하다는 느낌이 들어."

편식을 하다 보면 내가 불편해지고, 다른 사람도 불편해진다. 편식으로 내가 불편한 것은 괜찮지만, 곁에 있는 사람이 불편해지면 안 된다. 다른 지방이나 외국 여행을 하면 요리 방식도 다르고, 향신료를 넣은 음식도 많다. 우리가 먹지 않는 처음 본 식재료를 이용하여 만든 음식도 다양하게 볼 수 있다. 처음 먹는 것은 낯설어서 맛이 없다고 느끼는데, 적어도 3번은 천천히 음미하며 먹어 봐야 맛을 제대로 알게 되고 익숙해진다고 귀에 딱지가 앉을 정도로 이야기를 했다.

딸아이와 식사를 하러 가면 '식재료의 고유한 맛'이라는 말을 들먹이며 자신이 원하지 않는 식습관 교육을 받았다는 취지로 말한다. 그러면서도 "엄마가 나 식습관 교육은 참 잘 시켰어."라며 고맙다는 말도 한다. 사회생활을 하면서 사람들을 만나고 함께 식사하는 일이 자주 있다 보니 편식하는 습관으로 불편한 상황을 경험하고 하는 말이다. 특히 음식에 들어 있는 재료들을 골라내고 먹는 모습을 보이는 사람들이 있는데, 그런 모습은 그다지 좋아 보이지 않는다.

싫다, 좋다, 맛있다, 맛없다는 인식이 생기면 음식에 대한 선입견이나 편견이 생기고, 편식을 하는 식습관이 형성되기 쉽다. 가족 중에 편식하는 사람이 있으면 자녀도 편식하는 경향이 생긴다. 편식하는 사람을 위한 상차림을 준비해야 하는 사람은 고민이 많다. 메뉴를 정하는데 재료 선택의 폭이 줄어들다 보니 다양한 요리를 할 수가 없다. 요리를 주도적으로 하는 사람이 편식이 있는 경우는 더더욱 힘들다. 편식이 심하다 보면 영양소 결핍이 생길 수도 있다. 건강한 몸을 갖고 싶다면 음식을 골고루 먹어야 한다.

우리나라는 2년에 한 번씩 짝수 해에 태어난 사람은 짝수 연도에, 홀수 해에 태어난 사람은 홀수 연도에 전 국민을 대상으로 주기적인 건강 검진을 실시하고 있다. 나는 건강 검진이 있는 해에 봄부터 다이어트를 하고 5kg 정도 체중을 줄인 후 검사를 한다. 임신했을 때 몸무게가 15kg이 증가했는데, 출산하고 나서 아기와 관련된 몸무게 6kg만 줄고 더 이상 체중이 줄지 않았다. 입이 달아서 마구 먹다 보면 임신 말기 몸무게까지 가는데 2개월 정도면 충분했다. 체중을 줄인 나에게 지인들은 몸무게가 고무줄이냐며 어떻게 살을 뺐냐고 다이어트 방법에 대하여 물어보았다.

주변 사람들은 내가 다이어트를 하는지 잘 모른다. 곁에서 보기에는 별반 신경을 쓰지 않는 것처럼 보이고, 먹고 싶은 대로 다 먹는 것처럼 보이기 때문이다. 정상보다 체중이 많이 나갈 때, 많은 사람들이 다이어트가 필요하다고 여긴다. 체중이 늘면 다양한 불편함이 생긴다. 몸 움직임이 둔하고, 체형이 변하며, 무릎에 무리가 간다. 체중에 맞추어 심장도 부담되고, 과체중을 넘어 비만이 되면 각종 질병에 걸릴 가능성이 높아진다. 변한 체형을 보며 자존심이 상하기도 하고, 자존감이 낮아지기도 한다.

다이어트를 시작하면 나는 기초대사량과 하루에 필요한 열량을 계산한다. 기초대사량은 생명을 유지하기 위한 최소한의 에너지 양을 말한다. 기초적인 생명 활동인 체온 조절, 호흡, 심장박동 등을 위한 신진대사에 쓰이는 것이다. 잠을 자거나 휴식할 때, 움직이지 않고 가만히 있어도 소모되는 에너지이다. 기초대사량은 성별, 신장, 체중, 나이에 따라 다 다르다. 일반적으로 남성이 여성보다, 젊은 사람이 나이 든 사람보다 높다. 평균적으로 본다면 성인 남성은 하루 1600kcal, 성인 여성은 1300kcal 정도 된다.

일상생활을 하는 데 필요한 하루 열량은 남성은 2,500kcal 이상, 여성은 2,000kcal 정도이다. 영양소별 권장 비중을 보면, 전체 칼로리 중 단백질은 10~35%, 탄수화물은 40~65%, 지방은 25~35%이다. 가장 높은 비율을 차지하는 것은 탄수화물이다. 개인이 섭취해야 할 일일 단백질 식이 허용량은 체중 1kg당 0.8g이다. 체중 60kg인 사람은 하루에 48g을 필요로 한다. 일반적으로 계란 50g 1개는 단백질 6g 정도를 포함하고 있다. 계란만으로 단백질을 섭취한다고 하면 하루에 8개 정도를 먹어야 한다. 우리 몸에 들어와 에너지를 내는 영양소는 단백질, 지방, 탄수화물이다. 순수한 단백질과 탄수화물은 1g당 4kcal, 지방은 1g당 9kcal의 열량을 낸다.

열량에 대한 기본적인 지식을 바탕으로 내가 먹는 음식들의 열량을 따져보며 양을 조금 줄인다. 다이어트를 하기 전에 밥 한 공기를 다 먹었다면 두 숟가락 정도 줄이고, 야채 반찬을 좀 더 많이 먹는 식이다. 아침은 간단하게 먹고, 점심과 저녁은 먹고 싶은 대로 충분히 먹는다. 다이어트를 할 때, 꼭 염두에 두어야 하는 것은 균형 잡힌 식사다. 열량은 줄이되 물을 포함한 6군 식품 단백질, 탄수화물, 지방, 비타민, 무기질 등을 충분히 섭취할 수 있는 식단을 준비한다. 매스컴을 통해 알려진 약품이나, 특정 음식만 먹는다든가 하는 다이어트 방법은 절대로 따라 하지 않는다. 끼니를 거르는 식의 다이어트 방법도 우리 몸에 균형을 깨는 일이기 때문에, 하면 안 되는 다이어트 방법이라고 생각한다.

다이어트를 시작하면 반드시 해야 하는 것이 운동이다. 운동과 조금 줄인 식사량으로 3개월 정도 지나면 효과가 나타나고, 여름이 지나고 가을이 되면 5kg 정도의 체중을 줄일 수 있다. 체중을 줄이겠다고 마음먹고 다이어트를 시작해서 목표를 달성하면 몸이 가벼워지면서 건강한 느낌이 든다. 주변 사람들도 몸의 변화를 보며 인정하는 말을 한마디씩 해준다. 다이어트를 시작하며 꾸준히 운동을 했고, 섭취량을 줄여 목표를 달성하고 나면 기분이 좋다. 나 스스로를 통제할 수 있다는 자기 확신이 생기면서 자신감과 자존감이 향상되는 것을 느낄 수 있다.

　우리 몸은 음식 섭취를 통해서 얻는 영양소를 바탕으로 충분한 기능을 유지할 수 있다. 특정 음식만을 선호해서 지나치게 많이 섭취한다거나, 편식이 심해 필요한 영양소를 섭취하지 않게 되면 몸의 균형은 깨지기 마련이다. 열량을 내는 음식부터 무기질과 비타민의 원천이 되는 식품을 골고루 먹어야 유기적으로 연결되어 있는 신체 기관들이 제 역할을 잘 해낼 수 있다. 좋은 식습관을 형성하고 균형 잡힌 식사를 하는 것은 건강한 삶을 살아가기 위하여 꼭 실천해야 한다. 좋은 식습관을 형성하는 것은 나를 사랑하는 방법의 하나라고 생각한다.

05

약속을 지키는 것은 기본이다

"언제 밥 한번 같이 먹자."라는 말을 우리 사회에서는 "안녕하세요."와 같은 인사말 정도로 흔하게 쓴다. 처음 사람을 만났을 때도, 일상적으로 만나는 사이에서도 자주 한다. 그럴 때 내가 그 사람과 어느 정도 안면이 생기고, 아는 사이가 되었다고 여기는 것이다. 잘 아는 사이, 친분이 꽤 깊은 관계에서 만나는 사람에게도 자주 사용한다.

외국인들이 우리나라에 와서 사람을 만나고 관계가 형성되면서 의아하게 생각하는 말이 "언제 밥 한번 같이 먹자."라는 말이라는 이야기를 들은 적이 있다. 그 말을 곧이곧대로 알아듣고 밥을 먹자고 한 말에 기대를 걸고 연락을 기다린다. 연락을 기다리는 시간이 얼마나 설레고 기대되겠는가! 아는 사람도 별반 없고, 만나자고 하는 사람도 없는데 밥을 같이 먹자고 했으니 너무 기분 좋은 제안이었을 것이다. 그렇지만 아무리 기다려도 연락은 없고, 실망감으로 기다림을 대신하게 된다.

나는 입 밖으로 무엇을 하겠다, 해주겠다는 말을 다른 사람에게 했을 때는 반드시 지키려고 하는 강박 같은 것이 있는 것 같다. 사소한 일이건, 중요한 일이건 꼭 지켜야만 한다고 생각하면서 살았다. 상대방에 대한 약속이기도 하고, 나에게 한 약속이기도 하다. 약속을 지키지 못하게 되는 돌발 상황이 발생하기도 한다. 특정 장소에 나가기로 했는데 교통 상황이 여의치 않는 경우, 갑자기 중대한 일이 발생하는 경우, 몸이 매우 불편한 상황 등이다. 그럴 때도 반드시 양해를 구하고 진심을 다해 미안한 마음을 전한다. 다행히 그럴 때마다 충분히 인정하고 받아들여 주어서 감사하다.

20대 후반에 지방에 사시는 분과 서울에서 만나기로 한 적이 있었다. 만남의 장소는 종각 근처 아담한 찻집이었다. 시간 약속을 하면 항상 5분에서 10분 정도 일찍 가려고 생각하며 준비하고 나갔다. 그때도 책 읽는 것을 좋아해서 가방 속에 책을 한 권 들고 다니던 때였다. 약속 장소에 먼저 도착했고 시간이 조금 남아 있었기에 책을 꺼내 읽고 있었다. 만나기로 한 시간이 꽤 지났는데도 나타나지 않았다. 지방에서 일을 마치고 서울로 올라와야 하는 상황이라 약속 시간에 맞추기가 쉽지는 않았던 것 같다. 나는 꼭 올 것이라고 생각하며 별반 조바심 내지 않고 기다렸다. 그분은 40분 정도 늦게 도착해서 자리에 앉기도 전에 미안하다고 연신 사과했다. 당신이 늦게 올 것을 예상하고 책을 준비해서 다닌다는 오해 아닌 오해의 말을 하며 섭섭해했다. 약속하면 자주 떠오르는 일이다.

학생들의 경우, 입학하면 자신이 다니는 학교 운영 방침을 준수해야 할 의무가 생긴다. 특히 등교 시간이나 수업 시간, 과제 제출 시간 등 지켜야만 하는 시간과 관련되는 규칙들이 많다. 등교 시간에 늦거나 수업 중 이탈을 하게 되면 공식적으로 인정할 만한 사유가 아닌 경우 생활기록부와 연계되면서 입시에 영향을 미칠 수가 있어서 반드시 지켜야 한다. 학생들 대부분은 시간을 준수하며 학교생활에 적응하고 자신이 해야 할 것을 잘 해낸다. 간혹 시간을 잘 지키지 못해 힘들어하는 학생이 있다.

담임 교사가 되면 아침에 출근하자마자 학생들의 출석을 확인하면서 하루 일과가 시작된다. 출결 상황은 민감한 일이라 정확하게 업무 처리를 해야 한다. 그래서 학생들에게 출결에 변동이 생겼을 때, 해야 할 행동을 자세하게 알려준다. 예정된 불출석인 경우 미리 알려야 하고, 갑자기 발생한 일이면 즉시 연락을 해줘야 한다. 부모님 확인도 반드시 있어야 한다고 일러준다.

학급담임을 하다 보면 반 학생 중에 거의 매일 같이 제시간에 등교하지 않는 학생이 적어도 한두 명은 있다. 연락하지 않고 등교하지 않는 학생이 있을 경우, 학생이나 학부모에게 전화 연락을 한다. 핸드폰이 일반화되어서 연락하기 쉬운 환경이 되긴 했지만, 전화를 받지 않을 경우가 문제다. 학생에게 연락해도 받지 않고, 어머님께 전화해도 받지 않으면 부득불 아버님께 연락하게 된다. 그러다 보면 신경이 날카로워지게 되고, 다른 업무는 손도 못 댄 채 수업에 들어가야 하는 때가 된다. 수업하고 나와서도 여전히 학생의 연락을 기다리거나 전화를 건다. 내 힘으로 어쩔 수 없는 일이라 여기며 마음을 다스리지 않으면 학생을 지도하는 것이 여간 어려운 일이 아니다.

 약속을 잘 지키는 습관은 단연 가정에서부터 시작된다. 아이들은 어려서 보육 기관에 맡겨지면서 성장한다. 부모가 모두 직장에 다니는 경우, 아이는 조부모나 전문 베이비시터에게 맡겨지거나 보육 기관이 돌봄을 담당한다. 나의 딸아이도 마찬가지였다. 너무 어린 나이에 부모에게서 떨어져 자라다 보니 분리불안이 생겼다. 내 품에 안겨 있으면서도 엄마를 그리워하는 모습을 보였다. 아이는 시계를 보며 부모가 오기로 한 시간을 기억하고 기다리는데, 정해진 시간에 오지 않으면 약속을 어겼다고 여긴다. 기본 신뢰가 깨지기 시작하는 것이다. 아이가 성장하면서 갖고 싶은 것, 하고 싶은 것, 가고 싶은 곳, 보고 싶은 것 등이 엄청나게 늘어난다. 부모에게 그 모든 것을 해 달라고 조르는 일이 많아지는데, 부모는 아이를 달랠 목적으로 "그래 알았어."라며 상황을 넘기게 되기도 한다. 아이는 "그래, 알았어."라는 말을 믿으며 기다려 보지만 약속은 지켜지지 않고 실망하게 되면서 부모를 믿지 않게 된다. 심지어 부모가 거짓말을 했다고 생각하기도 한다.

인간은 사회적 동물이라고 한다. 크든 작든 공동체에 속해서 살아간다. 가장 작게는 가족 공동체부터 친구 모임, 동아리, 학급, 학교, 종교, 더 나아가 지역사회, 국가 공동체의 일원이 된다. 공동체에 속하게 되면 지켜야 할 규칙이 있다. 그 규칙이 지켜져야 공동체가 제 모습을 잃지 않고 정체성을 유지하며 건강하게 존재할 수 있다. 가족 내에서는 부모가 규칙을 세우고 가족 간의 결속을 다지며, 가정 내에서 안정감과 행복감을 느끼며 살아간다. 친구 모임 역시 암묵적으로 지켜야 하는 규칙이 있다. 공동체 일원이 되었을 때, 공동체의 규칙을 지키는 것은 나와의 약속이다. 약속을 지키지 않게 되면 다른 사람과의 관계 형성에, 자신의 신용에 문제가 발생한다.

직장인이라면 직장에서 나에게 주어진 일을 해내야 하는 것은 가장 중요한 약속이다. 그 약속을 이행하는 사람에게 임금이라는 대가를 지불하고 나를 고용한 것이다. 지불한 비용에 상응하는 업무수행을 해주어야만 직장이라고 하는 곳을 계속 다닐 수 있다.

공무원 사회를 흔히 '철밥통'이라고 한다. 한번 발을 들여놓으면 내가 그 조직이 싫어서 떠나거나, 결정적인 실수로 공무원 자격을 상실하기 전까지는 계속 다닐 수 있는 직장이기 때문에 붙여진 말이다.

공무원은 직장에서 해고될 위험이 거의 없어 오랫동안 다닐 수 있는 안정성 때문에 부러움의 대상이 되기도 한다. 부장 이상의 선임 관리자급으로 승진해야겠다는 개인적 야망만 없다면, 일을 잘하든 못하든, 열심히 하든 적당히 하든 임금에 별반 영향을 주지 않는다. 그러다 보니 매너리즘에 젖어져 '적당히 하면 된다.'는 생각이 들고 '나만 편하면 된다.'는 식의 직장 문화가 생기기도 한다. 나는 매너리즘이라는 용어를 의식적으로 밀어내면서, 내가 업무를 수행하기 위한 나만의 기준을 세우고 직장에서 지켜야 할 약속, 나의 업무를 잘 해내기 위해 끝까지 최선을 다했다고 생각한다. 병원에 다녔을 때나, 교직에 몸을 담고 있으면서 내가 업무를 대하는 태도에 대하여 아쉬움도 후회도 없는 이유가 거기에 있다.

살다 보면 경제적인 어려움이 생겨 지인에게 도움을 요청해야 하는 일도 생긴다. 금융권에 가서 대출을 받아 문제를 해결해야 하는 경우도 종종 있다. 지인이 흔쾌히 나의 요청을 들어주고, 금융권에서 대출을 해줄 수 있는 것은 나의 신용, 믿음이 담보되었기 때문에 가능한 일이다. 평소에 내가 믿음을 주는 사람인지, 약속을 잘 지키는 사람인지, 신용을 중요하게 여기는 사람인지를 보고 도움을 줄지 말지를 결정하는 것이다.

공동체 속에 있으면서 다른 사람과의 관계가 잘 형성되려면 신뢰, 믿음이 있어야 한다. "믿을 수 없는 사람이야.", "지난번에 도움을 요청해서 들어줬는데 약속을 지키지 않았어."라는 말을 듣게 되면 좋은 관계가 형성되기 어렵다. 그런 소리를 듣는 나라면 자존심도 상한다. 자존심이 상하면 열등감으로 연결되며, 자신이나 다른 사람들과 갈등을 일으키기 쉽다. 자신에 대한 자부심과 건강한 자존감을 원한다면, 사소한 약속도 소홀히 하지 않는 습관을 가져야 한다. 약속을 잘 지키며 살아가는 것이 온전하게 살아가는 것이다.

06

예쁘게 말하는 습관 들이기

무심코 길을 가다가 보면 옆으로 지나치는 사람들의 이야기가 들릴 때가 있다. 대화 중에 들리는 욕설에 깜짝 놀라고 뒤를 돌아본 경험이 누구에게나 있을 것이다. 욕을 하는 사람의 얼굴이 궁금해서 곁눈질하며 바라보기도 한다. 굳이 욕을 섞어 가면서 말을 해야 하는 이유가 있을까. 비어를 사용하면 말하는 자신도 그 말을 귀로 들을 텐데, 아무런 느낌이 없는 걸까?

감정이 상하고 화가 나서 부지불식간에 거친 말을 쏟아낸 경우가 있는가? 감정이 상했다는 것은 무엇인가 내 맘에 들지 않은 일이 벌어지는 상황에 직면했다는 의미일 것이다. 지금 당장 기분이 상해서 하지 말아야 할 말을 하고 나서 뒤돌아서자마자 후회한 적이 한 번쯤은 있으리라고 생각한다.

우리 속담에는 말의 중요성을 강조하고 있는 것이 아주 많다.

“말 한마디가 천 냥 빚도 갚는다.”라는 말이 있다. 조선 시대 중반에 머슴 한 달 월급이 7냥이었다고 하니, 천 냥의 가치는 쉽게 모을 수 있는 돈이 아니다. 천 냥을 지금의 가치로 환산하면 1억 원 정도의 돈이다. 말은 마음을 담는 그릇이라고 한다. 말을 하면서 어떠한 마음을 가지고 있는지, 진정성 있는 마음을 담았는지, 건성으로 하는 이야기인지 듣는 사람은 금방 알아챌 수 있다.

말은 사람과의 관계를 이어주는 중요한 도구다. 고운 말을 쓴다는 것은 상대방을 충분히 배려하고 있다는 의미다. 한 사람을 존중하고 인격적으로 대우한다는 말이다. 좋은 대우를 받고 있다는 생각이 들면, 기분도 좋아지고 뭔가 선물을 받은 느낌도 든다. 또한 상대방에게 호의감이 생기고, 오랫동안 관계를 지속하고 싶다는 생각도 든다. 내가 고운 말을 쓰는데 거친 말만 쏟아내는 사람은 없을 것이다. 우리가 어떤 말을 주고받느냐에 따라 좋은 관계로 유지될 수도 있고, 관계가 깨질 수도 있다.

처음 만나는 사람이 좋은 사람인지, 괜찮은 사람인지를 판단하는 기준이 되는 것도 말이다. 고운 말, 예쁜 말을 쓰는 사람이 태도도 공손하고 밝은 표정을 하고 있다면 긍정적인 인상을 받을 수 있다. 회사에 취업하기 위하여 면접을 볼 때 5분 이내로 당락이 판가름 난다고 할 정도로 말하는 태도나 사용하는 언어가 많은 영향을 주는 것이다.

교직에 있을 때, 학생들을 데리고 수련 활동이나 체험활동을 자주 갔다. 한번은 제주도로 현장 체험 학습을 갔다. 담임을 맡았기 때문에, 학급 학생들 인솔을 위해 항상 긴장한 상태로 일정을 소화해야만 했다. 프로그램 중에 우리나라 최남단에 해당하는 섬 마라도 탐방이 들어가 있었다. 날씨 여하에 따라 입도할 수도 있고 못 할 수도 있는 일정이었다. 같이 간 학생들이 전생에 힘을 합쳐 나라를 구했는지 날씨가 좋아 파도가 거의 없어 입도를 할 수 있었다.

예약된 배를 타고 파란 하늘, 잔잔한 파도, 부드러운 봄바람을 맞으며 마라도에 들어갔다. 뒤에서 반 학생들을 따라가고 있었는데, 앞에 가던 학생이 어떤 아주머니와 언쟁을 벌이고 있었다. 아주머니께서 어디에서 온 학생들이냐, 어느 학교 학생이냐며 언성을 높이며 화가 많이 나 있었다. 나는 일단 아주머니를 만나 담임이라고 인사를 하고 무슨 연유인지 여쭈어보았다. 학생들이 하선하면서 사람들이 많고 혼잡한 가운데 몸싸움이 좀 있었다고 한다. 반 학생 하나가 기분이 상했는지 자신도 모르는 가운데 욕이 나왔던 모양이었다.

나는 일단 아주머니께 학생의 언행으로 언짢게 해서 죄송하다는 말씀을 여러 번 드리며 사과를 했다. 자라는 아이들이 참지 못하고 욕이 갑작스럽게 튀어나온 것 같은데 넓은 아량으로 이해해

주십사 간곡하게 말씀을 드렸다. 학생도 불러서 주의를 주고 사과하도록 했다. 학생은 진심으로 잘못해서 사과를 드렸는지 마음속을 알 수는 없었지만, 고개를 숙이며 사과를 드렸다. 다행히 아주머니께서 화가 좀 풀렸고 무사히 그 자리를 떠날 수 있었다.

옛말에 "선생 똥은 개도 안 먹는다."라는 말이 있다는 이야기를 어려서 어른들한테 듣고 자랐다. 그 말이 무슨 말인지 그때는 이해가 가지 않았다. 교직에 발을 푹 담그고 담임을 하게 되면서 그 말의 의미를 뼛속까지 깊이 이해하게 되었다. 학생들이 하교하고 나서 비행을 저지르는 일이 간혹 있다. 상점에 가서 물건에 손을 대는 일이 있었다. 주인에게 발각이 되면 부모님에게 알려야 하는데, 아이들이 부모님의 전화번호를 안 알려줘서 결국은 학교로 연락이 왔다. 어떤 선생님은 경찰로부터 연락을 받고 경찰서에 불려가기도 하고, 경찰서에 있는 아이들을 데려오기도 했다. 그럴 때마다 상점 주인에게, 경찰관에게 죄송하다고 고개를 숙이며 사과해야만 했다. 내가 밖에 가서 남의 물건에 손을 대라고 하지도 않았고, 욕을 하라고 가르치지도 않았는데 잘못 가르친 죄인이 되어 있었다.

담임은 매일 아침 조례 시간에 들어가 공지 사항을 전달하거나 계기 교육을 시켜야 하는 때가 종종 있다. 특히 한글날 즈음에는 고운 말 쓰기 캠페인을 연다. 수업 중에도 교과와 연계되거나 팀

활동을 하다 보면 언어 습관에 대하여 지도해야 하는 상황에 놓이는 일이 다반사다.

요즘 학생들이 잘 쓰는 용어 중에 '존나'라는 말이 있다. 긍정의 의미로도 쓰고, 부정의 의미로도 쓴다. '존나'라는 어원의 의미를 알고 쓰는 아이들은 많지 않다. 그 말을 들을 때마다 나는 잔소리를 한다. 나중에 사회에 나가서 격식을 갖추어야 하거나 예의를 차려야 하는 상황에서도 자신도 모르게 쓸 수 있으니 아예 쓰지 않아야 한다고. 예를 들어서 처음 시부모님댁을 방문했는데 차려준 요리가 너무 맛있어서 "아버님, 이거 존나 맛있어요."라는 말이 나오면 민망하니 쓰지 말라고 해도 들을 때뿐이다. 너무 흔히 사용하다 보니 자연스럽게 입에 붙어 습관이 된 것이다.

말이라는 것이 얼마나 중요한지, 이 글을 쓰면서 속담과 그 의미를 찾아보았다. 앞에서도 나온 "말 한마디에 천 냥 빚도 갚는다."라는 것은 친절하고 따뜻한 말 한마디가 큰 은혜나 어려움도 해결할 수 있다는 뜻이다. 두 번째 "가는 말이 고와야 오는 말이 곱다."라는 것은 내가 남에게 고운 말을 해야, 남도 나에게 고운 말로 되돌려준다는 의미이다. 세 번째는 "낮말은 새가 듣고 밤말은 쥐가 듣는다."로, 아무리 조심해도 말은 언젠가 새어나가니 말 조심해야 한다는 말이다. 네 번째 "말이 씨가 된다."라는 말이 있다. 이는 무심코 한 말이 나중에 실제로 이루어질 수 있으니 말조

심하라는 것이다. 이 외에도 "말은 해야 맛이고 고기는 씹어야 맛이다.", "혀 밑에 도끼 들었다.", "말 많은 집은 장맛도 쓰다.", "발 없는 말이 천 리 간다.", "입은 화의 문이다.", "웃는 낯에 침 못 뱉는다." 등 많은 속담을 볼 수 있다.

일상에서 쓰는 용어를 점검해 볼 필요가 있다. 학창 시절을 함께한 오래된 친구들을 만나면 우리는 그 시절 그때로 돌아간 것 같은 친근감으로 친숙하게 스스럼없이 말을 하게 된다. 편안하다 보니, 한때 장난삼아 썼던 은어나 가볍게 여기며 썼던 비어들을 사용하는 것을 보게 되는 경우가 있다. 그런 자리에 함께 있게 되었을 때, 듣기에 거북한 말이 오가게 되면 불편감이 생긴다. 그렇다고 정색을 하며 그런 용어들을 쓰지 말라고 할 수도 없다. 괜한 말을 했다가 분위기만 나빠질 것 같고, 유난을 떤다는 식의 말을 들을까 걱정되고, 불안하기도 하기 때문이다.

상대방이 자기 마음에 들지 않는 행동을 했다고 욕설을 심하게 하는 사람들을 종종 본다. 실제로 당사자 앞에 가면 입에 담기 어려운 욕설을 대놓고 하지는 않는다. 듣고 있는 내가 불편하니 욕은 빼고 말씀해 주십사 부탁해도 아랑곳하지 않고 한다. 정작 욕을 들어야 할 사람이 없으니 곁에 있는 사람만 실컷 욕설을 듣고 있어야 하는 아이러니한 상황이 되는 것이다.

누구나 자신에 대한 평가가 좋기를 바라며 살아간다. "괜찮은 사람이야." 소리를 듣고 싶어 한다. 예쁘게 말하는 사람이 되고 싶다면 습관이 될 때까지 연습이 필요하다. 부정적인 말보다는 긍정적인 표현을 쓰면 주변 분위기도, 나 자신도 긍정적으로 변한다. 고맙다, 감사하다, 괜찮다는 말을 들으면 마음도 밝고 따뜻해진다. 친절하고 성숙한 인상을 줄 수 있으며, 불필요한 갈등을 줄일 수 있다. 오늘부터 고운 말 쓰기 연습을 해보는 건 어떨까.

쉼의 시간이 필요하다

"바쁜 것은 나쁜 것이다." 성도들이 다 같이 따라 한다. 주일 예배 시간에 담임 목사님이 설교 중에 하신 말씀이다. 〈이방 여인을 고치신 예수님〉이라는 주제로 설교를 하셨다. 예수님이 병자들을 고치시다가 먼 지방으로 피정을 가셨는데, 어찌 알았는지 이방 여인이 찾아와 귀신 들린 딸을 고쳐 달라며 무릎을 꿇고 간절히 간구하는 내용이다. 예수님도 쉬시려고, 아무도 모르게 하시려고 먼 곳 지방으로 가셨다.

'바쁜 것은 나쁜 것이다.'라는 생각을 해본 적이 없다. 그저 해야만 하는 일이 많아 바쁜 것이라고 여겼다. 당장 처리해야 할 일이 동시다발적으로 발생하면 떠밀리듯이 하루를 살아냈다. 한 달쯤 정신없이 떠밀리다시피 살다 보면 피로가 쌓일 대로 쌓여 몸살이나 감기에 걸렸다. 몸이 상해서 병원 신세를 지고, 어느 주말은 옹

골차게 집에만 머물며 아무것도 못 한 채 쉬는 경우도 있었다.

수업 종료를 알리는 종이 울린다. 책상 서랍 안에 넣어 두었던 수학 문제집을 얼른 꺼내서 문제를 풀기 시작한다. 쉬는 시간은 10분이다. 어려운 문제라면 2문항 정도 풀 수 있는 시간이다. 물론 더 어려운 문제는 몇 날 며칠을 고민하며 머리를 싸매고 풀어도 풀리지 않는다. 의자에서 일어나지도 않은 채 문제집을 풀다가 다음 시간 수업 종이 울린다. 다시 수업을 듣는다. 어떤 생각이 드는가?

우리나라 중학생이나 고등학생들의 생활 패턴을 살펴보자. 학생인 자녀가 학교에서 7시간 수업을 하고, 저녁을 간단하게 먹고, 학원에 가서 두 시간 학원 강의를 듣고 자습을 한다. 집에 오면 보통 밤 10시가 넘는다. 근로 시간으로 따져본다면 하루 10시간 이상을 학습활동에 매달린 것이다. 직장인에게 비유한다며 퇴근하지 못하고 저녁 시간에 초과근무를 두 시간 이상 한 결과나 마찬가지다.

전 직장에 있던 40대 남성분이 추석을 앞두고 조상 묘를 벌초하기 위해 주말에 차를 몰고 지방에 갔다. 벌초를 하다가 너무 피곤해서 차에 가서 잠깐 쉬겠다고 말하고 자리를 떴다. 쉬겠다고 간 사람이 아무리 기다려도 나타나지 않았다. 결국은 차에서 쉬다가 깨어나지 못한 채 젊은 나이에 우리 곁을 떠났다. 갑작스러운 죽음을 맞이하게 된 가족들은 그 충격이 가시지 않아 힘든 시간을 보냈다. 직장 동료도 힘든데 가족은 오죽했을까.

우리는 은연중에 바쁜 것은 좋은 것이라는 생각이 의식 속에 깔려있다. 가난하고 어려워서 다른 나라의 지원을 받으며 힘겹고 고통스럽게 살아온 시간이 길었다. 가난을 벗어나기 위하여 새마을 운동을 벌이고, 근면한 국민이 되어야 한다고 강조해 왔다. 산업화가 진행되면서 열악한 근무 조건에서도 성장이라는 목표 아래 쉼이 없는 근로 활동을 했다. 근로자들의 쉼 없는 노동과 노력으로 세계 역사에 유래를 찾아볼 수 없는 성장을 달성했다.

근로기준법에 근로자들에게 휴식 시간을 주어야 한다고 명확하게 명시되어 있다. 4시간 이상 근무를 하면 반드시 30분 이상의 휴게 시간을 보장하도록 하고 있다. 휴식 시간을 보장하는 이유가 있을 것이다. 인간은 기계도 아니고, 로봇도 아니다. 쉼 없이 가동해야 기능이 제대로 유지되는 것이 아니다. 살아 있는 생명체들이 쓸 수 있는 에너지는 한계가 있다. 빨리 달리면 달릴수록 에너지 소모는 높고 빨리 지치기 마련이다.

현대인의 일상은 빠르게 흘러간다. 아침부터 밤까지 바쁘게 움직이다 보면 지치고 피로가 누적된다. '쉼'이나 '휴식'을 취하는 것을 보면 "게으른 사람 아니야.", "요령 피우는 거 같은데."라는 편견이나 선입견을 가진 사람들도 있다. 이제는 '쉼'이나 '휴식'은 게으름도 아니고, 단순한 여유나 요령 피움이 아닌 삶에 꼭 필요한 부분이다.

쉼은 첫째, 몸의 회복을 돕는 시간이다. 계속된 활동으로 누적된 피로를 해소하고, 신체 기능을 원활하게 유지할 수 있게 만들어 준다. 적절한 휴식은 면역력도 높여준다. 둘째, 쉼은 마음을 안정시킨다. 과도한 스트레스는 감정에도 영향을 미쳐 조절이 어려워지고 지나치게 예민한 상태를 만들 수 있다. 잠시라도 쉼의 시간을 갖는다면 복잡했던 마음을 진정시킬 수 있게 된다. 셋째, 집중력과 창의력을 회복시켜 하는 일에 몰두할 수 있게 한다. 충분한 휴식을 취하고 나면 의욕과 열의가 살아나면서 잘할 수 있다는 자신감이 생긴다. 학업이나 업무 성과를 높이고, 문제해결 능력도 향상되는 것이다. 넷째, 삶의 균형을 잡아준다. '바쁜 것은 나쁜 것이다.'라고 한 것은 가족을 돌볼 새도 없고, 주변을 돌아볼 여유도 없어 관계가 깨진다는 것이다. 더불어 건강도 잃게 된다.

쉼이 필요하다고 휴식하라고 하는데, 어떻게 쉬는 것이 좋을까. 쉼의 방법은 여러 가지이나, 각자에게 적합한 쉼의 방법이 있다. 나에게 좋은 방법이라고 해서 누구나에게 좋은 방법은 아닐 수 있다. 나에게 쉼의 시간이란 감로수와 같은 것이다. 일상을 살면서 적절하게 쉼의 시간을 배치하며 살았다고 생각한다.

대학을 가려고 한창 공부하던 시절엔 충분한 수면이 부족했고,

점심시간도 없던 때가 있었다. 학교와 집이 멀어서 등하교 시간이 길었다. 가정형편이 어려워 점심시간엔 매점에서 빵을 파는 아르바이트를 중학교 3학년 때부터 고등학교 1학년까지 2년을 했다. 누적된 수면 부족과 피로를 풀기 위해 쉬는 시간을 이용해 책상에 엎드려 쪽잠을 잤다. 어린 나이라 10분의 수면만으로도 맑은 정신이 돌아왔고 수업에 집중할 수 있었다. 수업 중 졸려 잔 기억이 딱 한 번이다. 국어 시간이었는데 자고 일어났더니 선생님은 나가셨고 수업은 끝났다. 잠을 잔다고 내버려둔 선생님이 고맙기도 했지만, 야속한 마음도 컸다. 자느라고 수업을 제대로 못 들었기 때문이다. 주말 토요일 오후나 일요일은 주중에 부족한 잠을 채워 잤다. 잠을 잔다는 것은 나에게 중요한 쉼의 방법이다.

책을 읽는 것 또한 나에겐 쉼이다. 현실에 대한 도피처 같은 역할을 책이 했다는 것을 성인이 되고 나를 알게 되면서 깨달았다. 책 속에 들어가면 모든 것을 잊을 수 있었고, 책 내용에 몰입되어 시간 가는 줄 몰랐다. 무협지를 읽고 있어도 배움이 짧았던 부모님은 내가 공부하는 줄로 아시고 관여를 안 하셨다. 특히 스토리가 있는 소설책을 좋아했던 나는 책을 읽는 동안은 주인공처럼 사랑했고, 성공도 했다. 등장 인물들처럼 한동안 살 수 있었다. 시도 좋아해서 낭만파 시인이 되어 시를 쓴다고 끄적거리기도 하고, 감성으로 나를 물들이기도 했다.

사관학교를 다니면서 우는 것이 스트레스를 해소하는 데 도움이 된다는 것을 알게 되었다. 견디기 힘들다는 생각이 들면 숙소 계단이 있는 발코니에 나가서 밤에 혼자서 울곤 했다. 현실을 무시할 수도 없고 그렇다고 해결할 수 있는 능력이 있는 것도 아니었다. 선택의 폭이 적었기에 타협하는 수밖에 없다고 생각하고 살았다. 지금 같으면 죽을 각오로 다른 선택을 했을 수도 있겠지만, 그때는 그 선택이 옳았다. 울고 싶을 때 충분히 울 수 있다는 것은 자신의 마음을 알아채고 스스로 어루만져 주는 신이 준 선물 같은 쉼의 방법이다. 실컷 울고 나면 멋쩍기도 하고 후련하기도 하다.

라디오 방송을 듣는 것 또한 휴식의 중요한 부분을 차지했다. 공부를 하면서도 라디오를 켜놓고 하는 습관이 있어서 또 다른 친구 같은 느낌이 있다. 계획한 대로 중간중간 쉬면서 노래를 흥얼거리거나 클래식 음악을 듣곤 했다. 용돈을 아끼고 아껴서 마이마이를 샀고, 좋아하는 가수 테이프도 사서 어디를 가든지 들고 다니며 들었다. 지금도 쉼의 시간엔 MC 없는 클래식 방송을 틀어놓기도 한다.

나에게 산책은 가장 중요한 휴식의 시간, 쉼의 시간이다. 잔잔한 호수의 물결 같은 감흥이 일면 산책을 나간다. 새벽에도, 한낮에도, 해가 질 무렵에도, 달이 뜬 후에도, 계절에 상관없이 날씨에 구애받지 않고 산책을 간다. 풀도 보고, 나무도 보고, 꽃도 본다.

나비도 보고, 가정을 이룬 새도 보고, 기어다니는 곤충도 본다. 슬픔도, 우울도, 분노도, 화도 녹이러 산책을 나간다. 기쁨도, 편안함도, 즐거움도, 안정감도 더욱 느끼기 위해 산책을 나간다. 산책은 나에게 치유의 과정이자 삶을 살아내기 위한 충전의 시간이다.

점심을 먹고 한 시간여 지난 후에 맥심 믹스커피를 한잔하는 시간, 찻잔에 마시고 싶은 차를 우려 우아하게 마시는 시간도 쉼의 방법이다. 집을 떠나 고즈넉한 장소로 혼행을 떠나는 것, 전시회나 음악회를 찾아 나서는 것, 멍을 때리는 것 또한 쉼을 갖는 나의 방식이다.

인간은 정서적 안정과 따뜻한 감성을 느끼며 살기를 바란다. 지치고 피로한 가운데 안정감을 느낄 수 없다. 마음이 안정되어야 오늘을 잘 살 수 있고 내일을 기약할 수 있다. 부정의 마음을 다스릴 수 있어야 의욕도 생기고, 잘하려는 마음을 챙길 수 있다. 쉼의 시간, 휴식의 시간을 가져야 삶의 균형을 이루고 관계도 좋아진다. 쉼은 게으름이 아닌, 더 나은 나를 준비하기 위함이니, 멈춤으로 자신만의 쉼의 방식을 찾아내 잘 배치하는 것이 필요하다.

03
제3장 | 마음
흔들리지 않는 인생을
위한 마음가짐

01

작은 것에도 감사할 줄 아는
마음 알아채기

계곡을 지나다 보면 맑은 물이 흐르고 있는 것을 흔히 볼 수 있다. 두리번거리며 앉을 만한 평평한 돌을 찾는다. 적당한 것을 발견하고 돌에 걸터앉아 한동안 물속을 들여다보기도 한다. 물속에서 작은 물고기들이 헤엄을 치며 바위틈 사이를 들락거리기도 하고 무리 지어 돌아다니기도 한다. 작은 벌레들도 기어 다니고, 지난 가을 붉은 물이 들었다 떨어진 단풍나무 잎도 가라앉아 있다. 물속을 자세히 들여다보듯, 내 마음의 움직임도 함께 들여다보는 시간이 있어야 한다. 마음을 들여다보고 감사한 마음을 챙겨야 한다.

양손에 무거운 짐을 들고 아파트 현관문 앞으로 걸어왔다. 손으로 문을 밀어야 하지만 그럴 수 없으니, 몸으로 밀고 들어가려고 바짝 다가섰다. 문을 밀려고 하는 순간, 몇 걸음 뒤에서 따라오던 주민이 빠른 걸음으로 다가와 문을 열고 잡아주었다. 심지어 짐을 들어주겠다는 말씀까지 하셨다. 동네로 이사를 온 지 얼마 되지 않아 받은 호의이다.

나는 반사적으로 머리를 숙이며 "감사합니다."라는 말을 했다. 주민분도 따라서 고개를 숙이며 인사를 받아 주었다. 지은 지 꽤 오래된 아파트 단지이다. 개별 가구 규모도 자그마하다. 함께 공동주택에 사는 분이 일면식도 없는데 자연스럽게 친절을 베풀어 주셨다. 따뜻한 동네라는 느낌이 들었다. "사람 사는 냄새가 난다."라고 어른들이 말씀하셨는데, 그 말이 무슨 뜻인지 체험했다. 인연이 다해 이곳을 떠나게 된다면 많이 그리울 것 같다.

일상을 살아가면서 평범한 하루를 보낼 수도 있다. 때론 자녀가 원하던 대학에 합격했다든지, 취업했다든지 기쁜 소식을 듣는 날도 있다. 어떤 날은 일어나지 않았으면 했던 불운한 일이 발생하기도 한다. 오래전에 밤 9시경 퇴근을 하던 중 신호등을 보고 좌회전을 했다. 그런데 앞쪽에서 멈추지 않고 달려오던 오토바이가 내 차와 정면으로 충돌했다. 그 순간 운전자 머리가 운전석 유리창에 부딪히고 차 왼쪽으로 날아가며 도로 바닥을 미끄러져 멀리 떨어졌다.

너무 놀란 나머지 잠시 아무것도 못 한 채 차를 멈추고 앉아 있었다. 마침 맞은편 2차선에서 신호 대기를 하고 멈춰있던 승용차가 하나 있었다. 운전하시던 아저씨가 내려서 다가오시며 괜찮냐고 물으셨다. 다행히 나는 다친 곳은 없는 듯했는데 울음이 터져 나왔다. 반대편 차량 운전자분은 상황을 파악하시고 "일 처리를 도와줄 테니 걱정하지 마시고 진정하세요." 하시며 나를 위로해 주었다.

119에 연락하시고 112에도 신고를 해주셨으며, 경찰차가 와서 현장 조사를 하는데 목격자 증인까지 서주셨다. 그분은 가족들과 저녁 식사를 하기 위하여 나가는 중이었다. 너무 감사해서 성함과 전화번호를 받아두었다가 나중에 감사 인사로 식사를 함께하자고 요청을 드렸는데, 할 일을 한 것뿐이라고 하시면서 극구 사양하셨다. 삶이 다하는 날까지 잊을 수 없는 일이고, 감사하며 베풀면서 살아야 한다고 생각하며 살고 있다.

"범사에 감사하라."라는 말은 조용한 울림이 있다. 별것 아닌 사소한 것으로 생각하고 당연하다 여기는 것들. 감사함이 특별한 일에 대해서만 일렁이는 마음이 아님을 알게 된 순간, 하루 동안 감사한 일을 정리하는 습관을 들이려고 노력하고 있다. 잠에서 온전하게 깨어남으로 오늘을 살아야 한다고 생명을 허락함에 감사한다. 창문으로 들어오는 밝은 햇빛, 가끔 전화하고 안부를 묻는 친구, 보고 싶은 마음에 만나자고 연락할 수 있는 사람이 있다는 것, 미소 지으며 반가움을 표현해 주는 동네 친구들, 편안히 쉴 수 있는 공간 모든 것이 감사한 일이다.

교직에 있으면서 학급 아이들이 예뻐서 체육대회 같은 특별한 행사가 있으면 개인 주머니를 털어 아이스크림이나 음료수를 사 주는 일이 종종 있다. 학급 회장에게 아이스크림을 사 두었으니 가져다가 하나씩 먹으라고 하고 건네준다. 어느 순간 학생들은 담임이나 교과 선생님이 간식을 사주는 것을 당연히 여기는 경향이 생겼다. 학교든 학원이든 아이들 간식거리들을 많이 사주다 보니 생긴 현상이다. 심지어는 공공연하게 왜 안 사주느냐고 따지는 경우도 있고, 대놓고 사달라고 하는 일도 있었다. 간식을 사줬는데 잘 먹었다고 인사를 하는 학생이 없는 경우도 있었다.

언제부터인가 학생들에게 기본적인 것에 대하여 교육을 해야 하나, 말아야 하나 하는 갈등이 생겼다. 누군가 나에게 호의를 베풀었다든가 도움을 받았으면 고맙다고, 감사하다고 하는 마음을 표현하는 것이 인지상정인데, 기본적인 태도를 갖추지 못하는 아이들이 늘어나고 있었다. 가르쳐야 하는 위치에 있는 사람으로서 그냥 지나칠 수는 없다는 생각이 들었다. 잔소리가 시작되었다. "누군가 내게 작은 도움을 주었든, 큰 힘이 되었든 감사하다고 이야기하는 것이 기본이다." 고개를 끄덕이며 듣는 학생도 있고, 별 것 아닌 것을 가지고 생색내는 이야기를 한다는 식의 태도를 보이는 학생도 있었다.

일상을 살아가면서 감사하다고 느끼는 순간들이 아주 많다. 내가 힘들고 지쳐 보일 때, "많이 힘들어 보이네, 무슨 일 있어?"라며 친구가 한마디 해주는 순간, 내 마음을 알아줘서 울컥하기도 한다. 바쁜 나머지 도시락을 제대로 준비하지 못했는데 누군가 나를 생각하며 음식을 더 준비해 가져왔을 때도 너무 고맙다. 몸이 많이 아픈데 엄마가 좋아하는 죽을 챙겨주면 내가 사랑받고 있다는 느낌이 든다.

'감사하다', '고맙다'라는 것은 마음에서 우러나오는 감정이다. 감정도 학습이라고 생각한다. 기쁜 것인지, 슬픈 것인지, 재미있는 것인지 어떠한 상황에서 이런 감정들이 생기는지 알아야 자신의 감정에 맞는 표현을 할 수 있다. 아이들이 성장하면서 상황에 적합한 감정 표현을 할 수 있도록 보육하는 사람이 감정 표현을 잘할 수 있어야 한다. 그렇지 않으면 감정에 대한 학습이 안 되고, 감정 표현도 쉽지 않아서 사회적 상호작용이나 관계 형성에 어려움이 생길 수 있다.

아주 사소한 배려나 호의에도 감사함을 표현할 수 있어야 한다. 감사함을 표현하는 방법은 여러 가지가 있다. 가장 일반적인 감사 인사는 말로 직접 표현하는 것이다. 감사함을 전할 상대방의 얼굴을 바라보거나 눈을 마주치며 하면 좋다. "정말 감사합니다.", "고마워요.", "덕분에 힘이 납니다." 등 말을 통해 나의 진심을 전달할

 온전한 나로 살아가는 법

수 있어야 한다. 배려를 하거나 호의를 베푼 입장에서 감사하다는 인사말을 들었을 때 따뜻함을 느끼고, 뿌듯하기도 하며 인정받았다는 기쁨도 느낄 수 있다.

손 편지나 메모를 통해 감사한 마음을 전할 수 있다. 글이라고 하는 것은 말보다 더 진정성이 느껴진다. 말이 주는 느낌과 글이 주는 감동은 차원이 다르다. 글이 주는 느낌의 여운이 훨씬 오래 간다. 조금 더 특별한 인사말을 하고 싶을 때, 예쁜 메모지에 꾹꾹 정성스럽게 눌러쓴 손 편지를 써 보자. 말로 다 하지 못한 부분을 자세히 전할 수도 있다. 글을 쓰면서 나 스스로 좋은 사람이 되었다는 느낌, 괜찮은 성품을 가진 사람이라는 자부심도 생기게 된다. 퇴임하면서 같은 교무실에서 함께 근무한 동료로부터 잘 챙겨 주어 고맙다는 인사말을 손 편지로 받았다. 훨씬 더 많은 도움을 받은 사람은 나였기에 더 감사하다고 생각했다.

작은 선물을 준비하는 것도 감사함을 전할 수 있는 좋은 방법이다. 생각보다 작은 것이 주는 감동이 크다. 마음을 표현하기 위해 어떤 선물이 좋을까를 고민하며 선물을 고르는 자신 또한 행복감을 느끼게 된다.

곁에 있는 좋은 사람과 오랜 인연으로 남고 싶은가? 사소한 부탁을 들어준 것이라고 별것 아닌 것처럼 여기지 않았으면 좋겠다. 내가 아쉬워서 부탁하는 것이다. 부탁을 들어주는 사람은 큰 것이든 작은 것이든 나를 위한 시간과 노력, 때로는 물질적인 도움까지 준 것이다. 가벼이 여기지 말고 항상 감사한 마음을 전할 수 있으면 좋겠다. 마음속으로만 감사하다고 생각하며 마음을 표현하지 않으면 상대방이 모를 수 있다. 특히 가족 간에, 아주 친한 사이에 마음을 제대로 전달하지 않으면 오해가 생길 수 있고, 관계의 단절이 올 수도 있다.

마음속을 잘 들여다보자. 어떤 마음이 일렁이고 있는지 알아차려야 한다. 나를 위한 마음 씀이 있었는지 잘 살펴보자. 작은 것 하나라도 소홀히 하지 말고, 나를 위한 친절이고, 호의이고, 배려였는지 눈여겨보고 진정성 있는 마음을 전하자. 감사한 마음을 챙기며 하루를 열고 하루를 닫는 일상이 되기를 소망한다. 때로 사람에게 실망한 날이라면 자연이 대신한 넉넉함에 기댈 수도 있겠다.

02

사소한 것에도 행복해하는
나를 발견하기

여행길에 지인이 행복이 무엇이라 생각하느냐고 물었다. 한동안 행복에 대해 깊은 생각을 하던 중이었다. 행복은 흔히 기쁘고 즐거운 기분을 느끼는 것, 원하는 것을 갖게 되어서 만족스러운 것이라고 여긴다. 그 당시에 나에게 행복이란, 마음의 일렁임이 없는 것이라고 생각했다. 고요한 호수처럼, 부드러운 바람이 불어 잔잔한 물결만 보이는, 햇빛에 반사되어 반짝이는 마음 상태에 이르는 것이라 대답했다. 크든 작든 주변에서 일어나는 일들에 대하여 마음이 요동쳐 힘겹다는 생각이 들었던 시기다.

누구나 행복을 원하고 바란다. 행복의 형태는 사람마다 조금씩 다르다. 성장 배경이 어떠한가, 어떤 교육을 받으면서 자랐는가, 소중하게 생각하는 가치는 무엇인가 등 행복감에 영향을 주는 요인들이 많기 때문이다. 같은 상황임에도 어떤 사람은 행복감을 크게 느낄 수 있고 그렇지 않은 사람도 있다. 크고 대단한 일을 성취했을 때만 행복이라고 생각할 수도 있다. 오랜 시간을 들여서 피나는 노력의 결과로 목표에 도달했을 때, 가슴이 터질 것 같은 행복을 맛볼 수도 있는 것이다.

소확행이라는 말을 누구나 알고 있고 많이 사용하고 있다. '작지만 확실한 행복'이라는 뜻으로, 일상을 살아가면서 소소한 기쁨을 느낄 수 있음을 행복으로 여긴다는 말이다. 큰 성공이나 특별한 일이 있어야만 행복한 것이 아니라 지금 이 순간에 만족하며 행복감을 찾아내는 것이 중요하다고 여기는 일이다. 바쁘게 치열하게 진행되는 삶 속에서 잠시 기쁨을 맛볼 수 있는 것, 쉬어갈 수 있는 것이 무엇인지 알아채야 한다는 것이다.

매년 유엔 산하 자문기구인 지속가능발전해법네트워크(SDSN)에서 국가행복지수를 발표하고 있다. 최저 상태라고 생각하는 0에서 최고 상태라고 생각하는 10까지 스스로 척도를 선택하는 질문을 통해 삶의 만족도를 평가하여 각 나라의 행복 지수를 측정하는 것이다. 결과를 보면, 경제적으로 부유하다고 해서 행복 지수가 반드시 높고, 빈곤한 나라라고 해서 행복 지수가 낮은 것은 아니다. 2024년 기준 우리나라 행복 지수는 경제협력개발기구(OECD) 가입국 38개국 중 하위권에 속한다. 우리나라에는 삶이 행복하지 않다고 생각하는 사람이 많다는 것이다. 경제가 성장해서 국가 위상은 높아졌으나, 물질적으로 풍요롭다고 행복감도 높아진 것은 아님을 알 수 있다.

현재 내가 살고 있는 곳이 행복하지 않다고 해서 더 행복할 것 같은 곳으로 즉각 떠날 수는 없다. 떠난다고 해서 행복이 어서 오라고 애써서 부르거나, 행복을 준비해 놓고 두 팔 벌려 맞이해 주는 것도 아닐 것이다. 어디서나 나름의 어려움, 힘듦, 감내해야 하는 것이 있을 것이다. 어떻게 하면 내가 더 행복하게 살 수 있는가를 생각하고 찾아내야만 한다.

우리는 어려움이 찾아왔을 때, 불행하다고 생각한다. 다른 사람들은 모두 행복하게 살고 있는 것 같은데 유독 내 인생만 팍팍하다 싶을 때가 있다. 그럴 때 주저앉아 신세 한탄을 하고 불평불만을 하기보다는 지금 내가 무엇을 할 수 있는가에 집중해 보자. 불행감을 주는 일이 어떤 일인지 면밀하게 살펴보자. 원인을 찾아보고 문제점을 정확히 짚어내 보자. 문제점이 무엇인지 알았다면, 문제를 해결하기 위해 내가 할 수 있는 일을 하자.

혼자만의 노력으로 해결할 수 없는 일이 있다. 누군가의 도움이 필요하다면, 도움을 요청하자. 세상에는 도움을 주고 싶어 하는 사람이 많다. 내가 행복해지고 싶어서 간절함으로 용기를 내면, 내 손을 잡아줄 사람이 꼭 있다. 나는 어려서 가정형편이 너무 어려웠다. 내 힘으로 뛰어넘을 수 있는 문제가 아니었다. 학업을 계속해야만 된다는 생각으로 담임선생님께 사정을 있는 그대로 이야기하고 매점 아르바이트를 할 수 있는 기회를 얻었다. 덕분에 도움을 받기 위해 용기 내는 방법을 알게 되었다.

교직에 있으면서 같은 상황에 놓인 아이들이 여럿 있었다. 가정형편이 어려워서 학비 지원을 받아야 하는데, 아이의 자존심이 허락하지 않아서 말을 못 하고 있는 경우가 많았다. 나는 아이들에게 도움을 요청할 수 있는 용기를 내라, 힘을 내라고 말해 주었다. "지금 어려우면 도움을 요청할 줄도 알아야 한다. 삶을 포기할 것은 아니지 않느냐. 아직 살아갈 날이 많이 남아있지 않느냐. 지금 도움을 받고 자신의 삶을 잘 꾸려가는 사람이 되는 것만으로도 충분하다. 더 나아가 사회적으로 성공이라는 것을 하면, 받았던 도움을 환원하면 되는 것이다. 더 많이 도와줄 수 있는 사람이 되면 더 바랄 것이 없지 않겠느냐."며 설득하기를 멈추지 않았다.

어려움에 직면했을 때, 사방이 벽이라고 생각될 때 절망한다. 벽 너머에서 벽을 기어오르든, 부수든 자신에게로 다가오기를 바라는 행운의 반짝임이 보이는가. 나와 함께 벽을 같이 부술 사람이 보이는가. 손을 내밀어 손을 잡아달라고 하자. 반드시 손을 잡아주는 반짝이는 행운의 신이 있음을 믿어 보자. 분명히 나를 돕는 사람을 만날 것이고, 그것은 아주 큰 행복이다. 그 한 사람으로 인해 나의 인생이 달라질 것이다.

한때 아주 잘 나가던 가수 이상민을 모르는 사람은 없을 것이다. 70억이 넘는 빚더미가 파도처럼 덮쳐왔지만, 채권자를 만나 도움을 요청하는 용기를 냈다. 진정성 있는 태도와 결의에 찬 모습을 보고 채권자들의 마음을 얻었다. 그 빚을 다 갚기까지 갖은 고생을 하면서도 인내하며 희망의 끈을 놓지 않은 삶의 태도로 말미암아 지금은 결혼도 다시 하고 행복을 거머쥔 행운의 남자가 되었다.

힘겨운 불행 앞에 있는 것도 아닌데 불행하다는 감정의 노예처럼 살지 않았으면 좋겠다. 내가 가진 것이 다른 사람이 가진 것보다 많다, 적다, 크다, 작다고 비교하지 않으면 행복은 내 손안에 있다. 비교는 다른 사람의 시선을 의식하는 데서 온다. 이문재 작가는 한때 도시를 '시선의 감옥'이라 여겼다고 한다. 나의 시선 또한 다른 사람의 감옥이 되는 것이다. 시선의 감옥에 들어가지 말고 나 자신의 본연의 모습에 집중하자.

오래전 명품 가방을 큰맘 먹고 장만해서 들고 나갔다. 갑자기 비가 내려서 가방을 가슴에 품고 머리는 고스란히 산성비에 젖었다. 좋은 명품 가죽 가방은 나이가 드니 무거워서 들고 다니기 힘드니까 가벼운 에코백만 들고 다닌다고 친구에게 농담 삼아 놀리기도 했다. 소지품을 넣어 다닐 수 있는 가방이 있으면 족하다. 아는 언니 한 분은 남들이 입다 버린 청바지를 소재로 자신만의 작고 유니크한 가방을 만들어 그것만 들고 다닌다. 월급보다 더 비싼 옷을 사서 입고 나갔는데 너무 비싼 옷이라 행동이 부자연스러웠던 기억이 있다. 옷이 나를 보호해 주어야 하는 존재인지, 내가 옷을 보호해야 하는 경호원이 된 건지 알 수가 없었다.

현재 20년이 넘은 차를 타고 다닌다. 한 곳에서 오래 근무하다 보니 친숙하기도 하고, 스스럼이 없기도 한 사이가 되는 동료들이 많았다. 차를 보고 하는 말이 "차 바꿔야지."였다. 처음엔 그 말이 어떤 의미인지 알기에 "네, 바꿔야지요."라고 대답했다. 보는 사람마다, 만나는 사람마다 같은 말을 했다. 자꾸 듣다 보니 기분이 상했다. 어떻게 하면 저런 말을 듣지 않을 수 있을까를 생각했다. 찾은 답은 "적어도 천만 원쯤은 보태주고 그런 소리 하는 거예요."였다.

하루 종일 일과 씨름하다가 돌아와 쉴 곳이 있다는 것은 쉴 곳이 없어 매일 방황하는 사람에 비해 충분하고 행복하다. 쉼의 공간에서 오늘은 음식을 준비하는 것이 힘들고 피곤하니 먹고 싶은 요리를 시켜 먹을 수 있으면 좋은 거다. 신생아처럼 잠이 들어 푹 자고 일어났는데 햇살이 이불 위로 내리고 파란 하늘이 눈에 들어오면 기분이 상쾌하지 않은가. 직장 상사에게 싫은 소리를 들었는데 오랜 친구가 퇴근길에 밥 먹자고 연락이 와서 함께하며 하소연을 하고 나면 속이 후련해진다. 블로그에 올린 포스팅에 이웃님이 찾아와 글을 읽어주고 진심 어린 댓글을 달아 주었을 때, 내 얼굴에 흐뭇함이 번진다는 것을 느낀다. 계절이 변하면서 달라지는 풍경을 볼 때, 산책길에 어제와 다른 모습을 한 꽃들을 발견할 때도 기특함에 기분이 좋아진다. 길을 가다가 우연히 마주친 동네 친구와 반가운 인사를 주고받는 것도 가치 있는 시간이다.

행복은 멀리 있는 것이 아니다. 멀리서 행복을 찾으려고 하지 말자. 고통, 슬픔을 잡고 있으니 힘든 거다. 내려놓아야 행복이 보인다. 나에게 꼭 필요한 것만 남기고 내려놓자. 다른 사람의 인정과 평가에서 자유로울 수 있어야 한다. 시선의 감옥에서 탈출하자. 큰 성취만이 행복을 주는 것은 아님을 알자. 불행한 시간 뒤에 그림자처럼 따라오는 행운도 있음을 알고 힘을 내어 한 발짝 내딛고 오늘을 충실히 살아가는 것이 행복으로 가는 길이다.

나를 믿고 한 걸음씩 나아가는 것

연습하고 인생을 시작하는 사람은 없다. 연습하고 시작했다면 실수도 없을 것이고, 실패도 하지 않을 것이다. 태어나는 순간부터 모든 것이 처음이다. 아이가 걸음마를 시작하려고 한다. 과연 몇 번이나 넘어지고 일어서기를 반복해야 제대로 걸을 수 있을까? 넘어지는 것이 두렵다고 포기했다면, 제대로 걸을 수 있는 사람은 한 사람도 없을 것이다.

처음은 모든 것이 다 어렵다. 해본 적이 없고 모르기 때문에 불안하고 두렵다. 불안해서 손에 땀이 나고, 등줄기에서 물이 흐르듯 하고, 숨이 멎을 듯한 경험은 누구에게나 있다. 잘할 수 없을 것 같은 공포심으로 뒷걸음질 치고 싶은 때도 있고, 실제로 숨어버리는 일도 있었을 것이다. 새로운 환경에 맞닥뜨릴 때, 모르는 사람을 처음 만날 때 등 우리를 불안하고 긴장하게 하고, 공포스럽게 하는 것들은 헤아릴 수 없을 만큼 많다.

간호학을 배우면서 해부학 교수님과 의과대학 인체해부학 실습실에 간 적이 있다. 해부학 실습실은 지하에 있었다. 실습실에 들어가기 위해 지하 계단을 내려가 첫 번째 문을 연 순간, 강한 약품 냄새가 진동했다. 함께 들어가던 학생 중 몇 명이 얼굴이 하얘지면서 쓰러졌다. 두 번째 문을 열고 들어가니 단단한 대리석으로 만든 테이블 위에 해부를 마친 영현들이 눕혀져 있었다. 그 광경을 보고 몇 명이 밖으로 나갔다. 처음 마주한 광경에 다들 놀라고 당황스러웠던 기억이다. 어떤 친구는 무섭고 두려워서 비명을 지르며 울음 섞인 소리를 내기도 했다.

교수님이 영현들에 대한 감사 기도를 하시고 해부 과정, 부위별 특성 등을 설명해 주셨다. 처음엔 모두가 멀찌감치서 바라보다가 영현들 가까이 갔고, 테이블마다 다니며 인체구조의 형태들을 눈여겨보았고, 질문을 하기도 하며 수업을 들었다. 숙소로 돌아오는 길에 해부실에서 보았던 모습이 머릿속을 떠나지 않고 계속 맴돌았다.

숙소로 돌아오자마자 저녁 식사 시간이라 식당으로 갔다. 저녁 메뉴로 닭찜이 나왔다. 온몸에 포르말린 냄새가 배어있어서 숨을 쉴 때마다 냄새가 나는 느낌이 들었다. 몇몇 학생들은 식사를 할 수 없다고 그대로 숙소로 들어가기도 했다. 배가 고프니 식사는 해야 하고, 식욕은 없었다. 배식을 받아와 식탁에 앉아 한참 동안 식판을 들여다보았다. 도저히 닭고기를 먹을 수가 없었고, 국에 밥을 말아서 허기만 면하고 일어섰다. 그 이후로 한 달 동안 생선 반찬이나 고기반찬을 먹을 수가 없었다.

한 달 동안 단백질 섭취를 하지 않았더니 몸에서 기운이 다 빠져나갔다. 하루에 8시간 수업을 들어야 하고 많은 일정을 소화해야 하는데, 힘이 없으니 견디기 어려웠다. 살기 위해 먹는다는 것을 그때 느꼈다. 한 달이 지나고 나서 '버텨야 하니 먹자.'라고 결단했다. 졸업하고 병원에 근무하게 되었을 때, 다양한 환자들을 만나게 되었다. 전신 화상을 입어 응급실로 들어온 환자, 교통사고로 다발성 외상 상태로 들어온 환자 등. 해부학실 실습 경험이 없었다면 병원 근무가 훨씬 더 힘들었을 것이다.

간호사가 되기 위해서 거쳐야 하는 과정 중 어려운 것을 들자면, 환자에게 주사를 놓는 일이다. 주사기 바늘은 보기만 해도 겁이 난다. 주사기에 필요한 약을 정확하게 계량해서 넣어야 한다. 환자마다 용량이 다르기 때문에 큰 오차가 생기면 나의 실수로 인해 돌이킬 수 없는 상황에 직면할 수도 있다. 주사를 놓아야 하는 부위도 다르고, 부위마다 놓는 방법도 다르다. 환자의 상태도 다르다.

주사를 놓는 방법을 배우는 과정은 긴장도와 불안감이 높다. 학생으로서 주사 실습을 하기 위해서 마음을 단단히 먹지 않으면 해내기가 쉽지 않다. 환자에게 주사를 놓기 전에 배우는 학생들끼리 번갈아 가며 주사를 놓아준다. 주사기를 든 손이 덜덜 떨리고, 심장박동은 최고도에 이르며 식은땀이 난다. 주사 놓을 부위를 정확하게 찾아야 하고, 범위를 벗어나서도 안 된다. 근육 주사를 놓다가 잘못해서 자신의 손을 찌르는 경우도 발생한다. 실수하고 나면 또 실수할 것 같아서 두려움이 생긴다.

혈관 주사는 더 까다롭다. 바늘이 피부와 근육과 혈관을 통과하는 느낌을 제대로 알지 못하면 실패하게 된다. 힘이 조금만 더 가해져도 혈관 밖으로 뚫고 나간다. 혈관 밖으로 벗어나게 되면 바로 출혈이 생기면서 환자의 주사 자리가 부어오르게 되고, 멍이 들게 된다. 주사를 맞아야 하는 환자들은 주사 바늘의 고통을 참아야 하는 입장에서 의료인의 주사 실패는 참기 싫은 고통이다.

환자들이 병원을 찾는 이유는 다 똑같다. 질병을 치료하기 위해서, 예방하기 위해서 온다. 주사를 맞아야 하는 자체도 달갑지 않다. 주사를 맞는다는 것은 환자의 병증이 좀 더 심각한 상태라고 생각한다. 의료인의 주사 실패는 환자의 고통을 증가시킬 뿐만 아니라 의료인에 대한 실망감을 주는 일이다. 의료인 자신에게도 자존심이 상하는 일이고, 자신감이 떨어지는 일이다.

첫 임지로 같은 병원에 간 친구가 있었다. 그 친구는 혈관 주사를 놓는 것에 자신이 없어 했다. 실수가 잦은 탓이었는지 주사를 놓을 때마다 불안해했다. 불안한 상태에서 주사를 놓다 보니 실패도 많은 것 같았다. 어느 날 그 친구 방에 갔는데 주사 놓는 연습을 하고 있었다. 자신의 손 등에 주사를 놓으며 하는 말이 "자꾸 실패하니까 미안해서 안 되겠더라." 같은 나이 친구였지만 나는 그 순간 존경스럽다고 생각했다.

교직에 처음 발을 들여놓았을 때, 수업을 준비하고 학생들 앞에 서서 수업하는 일이 너무 어려웠다. 교생 실습을 하며 했던 수업 몇 시간이 다였고, 그마저 오래전이라 처음 하는 것이나 다름없었다. 수업 준비를 하고 반에 들어갔다. 수업을 진행했는데 갑자기 설명 내용이 떠오르지 않아서 판서 내용을 그대로 말해 주었다. 수업을 듣던 어떤 학생이 "그냥 읽네, 읽어."라며 혼잣말처럼 중얼거렸는지, 들으라고 한 말인지는 모르겠으나 칠판 앞에 서 있는 나에게 들렸다.

그날 나는 수업을 하며 처음으로 공황을 경험했다. 얼굴은 달아올랐고, 식은땀은 등줄기를 타고 내렸다. 숨을 쉬기도 어려웠고, 서 있는 것조차 힘들었다. 어떻게 수업을 마치고 나왔는지 기억도 나지 않았다. 속옷은 비를 맞은 것처럼 젖었다. 하루 종일 넋이 나간 사람처럼 일이 손에 잡히지도 않았고, 집중할 수도 없었다. 자존감은 바닥을 쳤고, 자존심은 땅에 떨어져 나뒹굴었다. 교실에 수업하러 들어가는 일은 공포 그 자체였다. 교직이 나에게 맞는 직업인가, 나는 수업을 할 수 없는 사람인가 하는 자기부정에 휩싸였다.

방법은 하나였다. 수업 준비를 더 철저히 하는 일이었다. 대학에서 배운 내용을 학교에서 그대로 가르치는 것은 아니었다. 새로운 내용도 있고, 바뀐 내용도 있었다. 모르는 분야도 많았다. 학생들에게 한 시간을 가르치기 위해서 교사는 최소한 3시간을 공부해야 한다고 했다. 가르칠 내용을 충분히 숙지하고 구조화를 철저하게 시켰다. 수업 관련 교재도 여러 개를 보았다. 수업 시연도 해보며 수업 방법을 익혔다. 점차 수업이 익숙해졌고, 수업하면서 학생 전체가 눈에 들어오게 되었다.

누구나 처음 하는 일이 쉽다고 이야기하는 사람은 없다. 모두가 힘겹다. 경험이 없기 때문에 잘할 수 있을까 하는 자기 의심을 한다. 자기 의심은 행동으로 옮기는 데 방해가 될 뿐이다. "나는 안돼, 할 수 없어."라는 자기부정에 빠지게 되면 자신감을 잃게 된다. 자기부정은 생각보다 강력한 힘을 가지고 있다. 스스로를 부정하는 순간, 가장 먼저 등을 돌리는 건 세상이 아니라 나 자신이다. 실행하지 않고 도전하지 않는다면 아무것도 얻을 것이 없다. 비슷한 상황에 직면하면 항상 포기하고 싶어진다.

해보지도 않고 어렵고, 두렵고, 긴장된다고 해서 포기해서는 안 된다. 반복을 통해 익숙해질 때까지 해야 한다. 실패는 누구나 할 수 있다. 몇 번의 실패가 영원한 실패는 아니다. 실패 앞에서도 무너지지 않는 건 완벽해서가 아니라 다시 일어설 나를 믿기 때문이다. 자신을 믿고 해내야 한다. 세상 사람 모두가 너를 의심해도 내가 나를 믿는다면 아직 끝난 게 아니다. "괜찮아, 천천히 가도 돼, 결국은 잘 해낼 거야, 해낼 수 있다는 나를 믿는 거야."

04 ······

용수철처럼 튕겨져도 자신에게
돌아오라

누구나 말하고 싶지 않은 아픈 과거를 가지고 있을 수 있다. 토크 쇼의 여왕이라 불리는 오프라 윈프리는 사춘기에 접어들 무렵 성적 학대를 당했다. 성적 학대로 성생활이 문란해져 14세에 임신을 했고, 그 사실을 숨긴 채 만삭이 되었다. 병원에서 아이를 낳았으나 숨을 거뒀다. 끝까지 비밀로 하고 싶어 연인에게도 말하지 않았다고 했다.

어느 주말 가족 중 한 명이 오프라 윈프리가 끝까지 비밀로 하고 싶었던 일을 타블로이드지에 폭로했다. 온 세상 사람들이 그녀에게 다가와 손가락질하며 비난하는 말로 고함을 칠 것 같은 생각으로 충격에 빠졌다. 모든 것이 수포로 돌아갈 것 같은 절망감으로 어두운 침실에 틀어박혀 울고 또 울었다. 출근해야 하는 월요일, 몸을 가누기도 힘들었지만, 가까스로 일어나 밖으로 나왔다.

걱정하던 일은 일어나지 않았다.

어른이 되기도 전에 그녀에게 나쁜 일이 일어났을 뿐이다. 누가 면전에서 그녀를 비난하고 손가락질하며 책임을 물을 수 있겠는가. 그럴 자격은 아무도 없다고 본다. 어린아이들을 보호해야 할 책임이 있는 사람들은 어른이다. 어린아이들보다 힘이 있는 사람들이다. 어린아이라고 해서 마음대로 학대하고 폭력을 행사해서는 안 된다.

세상일은 나의 의지와 상관없이 움직인다. 우리나라 1997 외환위기만 해도 그렇다. 1996년 12월 12일, 대한민국이 29번째로 경제협력개발기구(OECD)에 가입했다. 선진국들과 경제적 교류와 협력을 통해 우리나라의 민주주의와 시장경제 발전을 한 단계 향상시켜야 한다는 인식의 결과였고, 선진국 대열에 합류했다는 국민적 자부심을 갖기에 충분했다. 그로부터 불과 일 년 뒤, 우리나라는 외환위기라는 소용돌이에 휘말렸다. 좋은 소식보다는 암울한 소식이 더 많아 신문을 보는 것도, TV를 켜는 것도 겁이 났었다.

외환위기 시기에 담임을 맡고 있었다. 교육과정 프로그램으로 수학여행을 가야 했다. 학교에서는 프로그램을 진행하기 전에 학생들에게 참가 희망원을 받았다. 40여 명의 학생 중에 16명이 불참을 희망했다. 참여하지 않겠다는 학생이 절반 가까이 되었기 때문에 목적 없는 프로그램이 되는 것이었다. 학생 한 명 한 명을 불러 많은 시간을 들여 개별 상담을 진행하느라 힘들었다.

불참을 희망한 학생들 대부분은, 이유가 경제적으로 어려운 상황이라 조금이라도 부모님께 도움이 될 것 같아서였다. 그중 6명은 실질적으로 외환위기를 겪으면서 갑자기 가정형편이 어려워서 참석이 곤란한 상황이었다. 부모님들께도 연락해서 아이들이 부모님을 생각하는 마음을 전하며 참여할 수 있도록 협조를 구했다. 또한 국가에서 학생 교육활동을 지원하는 제도를 이용하여 학급원 전체가 수학여행을 다녀올 수 있었다.

"처음에 다섯쌍둥이라는 이야기를 들었을 때 어떠셨어요?"
"오둥이라는 이야기를 듣고 차에서 엄청 울었어요."

〈유 퀴즈 온 더 블록〉에 게스트로 오둥이를 낳은 부부 김준영, 사공혜 부부가 출연했을 때, MC 유재석이 산모와 나눈 대화이다. 두 사람이 연애를 하던 중 같은 프로그램에서 방송한 군인 부부 오둥이 출산을 보면서, 자신의 인생에선 절대 없을 거라 생각한 일이 실제 상황이 된 것이다.

진료를 받는 과정에서 의사 선생님의 세쌍둥이라는 말에 너무 놀라 비명을 질렀는데, 네쌍둥이도 넘어서 최종적으로 다섯쌍둥이라는 소리를 들었다. 예측하지 못한 상황에 직면한 것이다. '설마 나에게 그런 일이 발생하겠어.'라는 생각을 하고 있었으니, 현실을 받아들이기가 얼마나 어려웠겠는가? 임신 이전으로 돌아가고 싶은 생각이 비현실적이라는 것을 알면서도 오둥이 임신 사실이 주는 엄청난 무게감과 책임감으로 회피하고 싶었을 것이다.

부부는 의사 선생님과 선택지를 두고 고민과 의논을 거듭했다. 모두 유지하며 임신 상태를 유지한다는 것도 위험한 일이다. 선택적 유산의 방법도 있었다. 과연 누구를 살리고 누구를 버릴 것인가? 부부는 용기 내어 모두 낳기로 결정했다. 다태아를 임신한 경우, 임신 말기까지 임신을 유지하는 것은 많은 위험을 안고 있다. 결국 상황이 어려워져서 수술을 통해 조기 출산을 하게 되었다. 태어난 아기들의 건강 상태와 발육 상태가 좋지 않아 중환자실에 오랫동안 입원까지 하게 되었다. 임신기간 내내 마음을 졸이며 혼신의 힘을 다했는데, 두 손안에 쏙 들어오고도 남을 만한 크기의 아이들이 의료기기를 달고 누워 있는 모습을 지켜보며 얼마나 마음을 졸였겠는가.

처음 내가 교편을 잡으면서 가르친 과목은 교련 교과였다. 군사정부가 끝나고 문민정부가 수립되면서 대거 교육과정 개편이 이루어졌다. 새 정부가 들어설 때마다 교육과정을 개편한다. 군사정부의 산물로 여겨진 교련 교과는 이수 단위가 대폭 줄어들다가 선택교과로 바뀌게 되었다. 대학 입시에 직접적으로 반영되는 교과도 아니고, 어린 학생들에게 불필요한 군사훈련을 시킨다는 이미지가 강했던 교련 교과목은 더 이상 선택받지 못했고 사라졌다.

나의 의지와 상관없이 교련 교과를 가르치던 나는 다른 교과목 전공학점을 이수해야 했고, 관련 교과 자격증을 따야 하는 상황으로 내몰렸다. 담임을 맡은 상태로 주어진 현재 일을 모두 하면서 전공 교과목 대학 과정 공부를 해야만 했다. 내가 선택한 교과목은 사회교과목이었다. 교육청에서 개설한 연수 과정을 신청해야 했고, 여름방학과 겨울방학 기간을 합한 기간보다 더 긴 기간 수업을 들었다. 하루 여덟 시간 수업에 보고서 제출, 각종 시험을 봐야 했다. 전혀 다른 교과목 내용은 용어 자체도 생소했고 몰랐던 분야라 이해하기도 어려웠다. 학교에서 같은 연수를 받는 교사가 둘이었다. 그분은 나보다 나이가 훨씬 더 많아서 더 어려워하셨다. 연수 과정이 너무 힘들어서 포기할까 하는 생각이 밀물처럼 밀려왔다.

연수를 받으면서 초등학교 저학년인 어린 딸도 돌보아야 했고, 집안일도 해야 하는 슈퍼우먼이 되어야 했다. 아침 새벽같이 일어나서 아침밥을 챙겨줬고, 학원 시간에 맞춰 학원을 가라고 꼭꼭 다짐을 받았다. 집 근처 학원을 전전하며 엄마 없는 시간을 아이 혼자 해결했던 적이 하루 이틀이 아니었다. 저녁엔 딸아이와 놀아주기도 해야 했고, 학습활동도 봐줘야 했다. 지친 날의 연속이었고, 쉼이 거의 없는 나날이었다.

하루가 어찌 지나가는지 가늠할 새도 없이 시간이 흘러갔다. 눈앞에 닥친 일을 제대로 해내야만 하는 초인적인 힘과 정신력을 요구했다. 내가 지쳐 쓰러지게 되면 아이는 아직 스스로 설 수 있는 나이가 아니기에 무슨 일이 일어나도 버틸 수 있어야 했다. 엄마가 꿋꿋하게 설 수 있어야 아이도 어른이 되면 자신의 삶을 헤쳐 나갈 수 있다고 다짐했다. 나에게 주어진 내가 풀어야 하는 삶의 과제는 결코 만만하지 않았다.

여름방학이 지나갔고, 학기 중에 보고서도 썼다. 함께 연수를 다니던 선생님과 일주일씩 번갈아 운전하며 다녔다. 연수 장소를 오가는 왕복 세 시간 동안 수업 중 배운 내용을 정리하고 공부하면서 다녔다. 이해가 안 되는 부분을 묻고 서로 도움을 주며 격려하고 의지를 북돋워 주었다. 서로에게 고맙다는 인사를 건네며 혼자였으면 끝까지 할 수 없었다고 말하며 다녔다. 겨울방학 기간도 끝났고, 시험도 통과했고, 성적도 나쁘지 않았다.

외환위기로 닥친 일, 다섯쌍둥이 임신, 교과목 폐지, 코로나 팬데믹 등 예측하지 않았던 일들이 삶의 과정에서 방해꾼처럼 등장하는 일이 있다. 삶의 여정에서 한 번으로 끝나지 않는다. 직접적으로 나로부터 발생해서 다른 방향으로 나를 밀어내기도 한다. 나와 직접적인 상관이 없는 외부적 원인들로 인해 삶의 궤도를 바꿔야 하는 상황도 있다.

신은 능히 견딜만한 능력이 있는 자에게 걸맞는 고통을 준다고 했다. 어떠한 용도로 쓰려고 나를 이 세상에 보냈는지 확실하게 알지 못한다. 왜 이렇게 힘든 삶의 여정을 설계해 놓았느냐고 원망할 수도 있다. 원망한다고 고통이 사라지는 것도 아니고, 문제가 해결되는 되는 것도 아니다. 원망은 또 다른 고통이 될 뿐이다. 나는 새로운 도전에 성공했고, 나 자신을 믿었고 제자리에 서 있을 수 있게 되었다. 어떠한 일이 발생하더라도 내 안의 가능성을 믿고 나를 의지하며 내가 돌아갈 곳은 나밖에 없다는 신념을 굳게 가져야 한다. 나를 지킬 수 있는 것은 오직 나 자신뿐이다.

05

스트레스는 비우는 것이 답이다

갑자기 뭔가를 하고 싶은데 당장 해야 할 일이 있어서, 허락을 구해야 하는데 허락해 주지 않아서, 몸이 상태가 좋지 않아서 하지 못한 일이 있는가? 하고 싶은데 할 수 없을 때, 기분이 썩 좋지 않고, 가라앉기도 하고, 허전하기도 하고, 짜증도 나고, 슬그머니 화가 치밀기도 한다. 부정의 마음 상태가 지속되고 쌓이게 되면 전혀 예상치 못한 상황에서, 특히 주변에 만만하다고 생각하는 사람에게 분출된다. 분출이 되는 정확한 시점은 자신도 잘 모른다. 스트레스가 된 것이다.

스트레스는 외부 환경의 자극으로 발생하거나, 내부 갈등으로 마음과 몸이 긴장하며 부담을 느끼는 상태, 통제권을 상실하는 상태가 되는 것이다. 단순한 긴장이나 부담이라면 우리가 충분히 대처할 수 있다. 문제는 과도한 스트레스로 인해 감당하기 어려운 상황이 되었을 때 신체적, 심리적 반응이 나타나는 것이다. 스트레스라고 해서 모두 부정적인 상황에서 생기는 것은 아니다. 긍정적인 생활 변화에서도 발생한다. 긍정적인 스트레스는 삶의 의욕을 증진시키며, 동기를 부여하고 성장할 수 있는 바탕이 되어 준다. 반면, 과도하고 장기화한 부정적인 스트레스는 건강을 위협하며, 정상적인 생활을 하는 것을 방해한다.

스트레스가 발생하는 상황은 매우 다양하다. 중요한 시험, 성과를 내야 하는 직장업무, 사람들과의 관계에서 오는 갈등, 결혼이나 승진, 질병이나 예측하지 못한 사고 등으로 삶을 살아가면서 겪는 변화나 압박으로 발생한다. 경제적인 문제나 가족을 책임져야 하는 것은 성인의 주된 스트레스 요인이 된다. 학생들은 학업 부담으로, 자신의 진로에 대한 걱정으로 스트레스에 노출되어 있다. 그로 인해 심장 부담이 증가하고, 소화불량에 시달리기도 하며 두통, 피부질환, 우울증, 불안 장애 등 각종 질병에 노출된다.

계속해서 담임 교사를 하다 보면 몸과 마음이 많이 지쳐있다는 생각이 드는 시점이 있다. 비담임 교사로 쉬고 싶어진다. 담임은 일반적으로 돌아가면서 맡게 되는데, 희망자를 우선 배치하고 비희망자 중에서 담임을 오랫동안 하지 않은 사람을 배정한다. 비담임 교사를 신청하는 경우, 우선순위는 담임 교사를 지속적으로 한 교사에게 우선권을 준다.

2016년 막내 여동생이 영원히 가족 곁을 떠났다. 치매에 걸리신 엄마를 보살피며 지내던 중 엄마 곁에 누워 숨진 채로 발견이 되었다. 그날은 4월의 화창한 봄날이었고, 국회의원 선거가 있었던 날이라 친구와 함께 동대문 디자인 플라자에 놀러 갔다. 디자인 플라자 주변에 흰 장미꽃 모양의 조명을 만들어 장미정원을 조성해 놓았었다. 순백의 장미 조명이 파리한 아름다움을 발하길래 카메라에 여러 컷 담고 밤이 되어 집에 왔다.

전화기를 확인하지 않은 채 돌아다니다가 집에 와서야 확인했다. 다른 동생의 전화가 여러 통 들어와 있었다. 전화를 했다. 막내 여동생 소식을 들었다. 망연자실했다. 믿기지 않았다. 말문이 막혔다. 한참 동안 멍하니 있다가 엄마 집으로 갔다. 운전해서 어떻게 갔는지 기억이 나지 않는다. 한밤중에 가족들이 다 모였다. 병원에서 사망한 것이 아니라서 부검을 해야 했다. 부검하지 않겠다는 가족 의사는 소용이 없었다. 결혼하지 않은 상태이고 엄마보다 먼저 가는 자식이라 장례식도 제대로 치르지 않고 화장했다. 화장한 날은 가슴이 미어지도록 슬픈데 눈이 부시도록 화창한 날이었고 벚꽃이 흐드러지게 핀 날이었다. 따뜻한 유골을 나무 아래에 뿌렸다.

동생을 그렇게 보내고 나서 속절없이 시간은 흘렀고, 연말이 되어 차기 연도 업무분장 시기가 되었다. 담임을 오래 하기도 했고,

동생을 잃고 마음도 몸도 지쳐있어서 나는 비담임을 신청했다. 업무분장 발표가 있었다. 희망원과 상관없이 다음 해에 생활 인권부장을 하라고 했다. 면담 한마디도 없이. 생활 인권 부장은 명칭이 바뀌기 전에 학생부장이라고 불렀다. 그 소리를 듣는 순간 공황이 왔다. 엄마도 치매를 앓고 계셔서 주말마다 한 시간 거리에 있는 엄마 집에 갔다가 일요일 밤에 돌아오고 하는 생활을 하던 중이었다. 쉼의 시간이 아니라 더 힘든 상황으로 몰렸다. 교장실에 들어가서 올해는 쉬게 해주십사 요청을 드렸으나 "누가 대신했으면 좋겠냐."는 소리만 들었다.

 부장 업무가 처음이라 업무 파악도 안 된 상태에서 학기가 시작되었다. 인권부장 1년이면 대상포진 안 걸리면 이상하다고 할 만큼 어렵고 힘든 직책이라 누구도 맡으려고 하지 않는 업무다. 날마다 학생 등교 시간에 맞춰 등교지도를 해야 했고, 아침마다 교칙을 어기는 학생들과 씨름했다. 부서 업무 주관으로 되어 있는 행사 진행도 해야 했다. 4월이 되자 학교폭력 사안이 발생했다. 그때만 해도 학교폭력이 발생하면 학교에서 모든 것을 해결해야 하는 상황이었다. 학교 건립 이래 가장 많은 학폭 사안을 처리했다. 업무가 시작되기 한 시간 전에 출근해서 정규 근무 시간 8시간을 근무하고 정시에 퇴근 한 날이 거의 없다. 학폭 사안을 처리하기 위해 학생 면담과 학부모 면담을 한 날은 넋이 나갔다고 해도 과언이 아니었다. 저녁 먹을 시간이 없어서 밤 9시가 다 되어 밥을 먹은 적도 있었다.

막내딸을 먼저 보내고 혼이 빠져나간 듯 천정만 바라보시던 엄마를 더 이상 집에서 보살피기 어려워졌다. 넘어져 대퇴골 골절도 있었지만, 병원에서 별반 해줄 것이 없으니 퇴원하라고 해서 집에 모신 상태였다. 엄마는 집 이외에는 어디도 가려고 하지 않으셨다. 병원에 입원만 하면 집에 가야 한다며 병원을 뛰쳐나와 길을 못 찾고 거리를 배회하셨었다. 그런 날이면 경찰관들이며 형제들이 온 동네를 찾아다녔다. 곁에서 엄마를 보살피던 동생들이 직장에 출근하면서 밤에도 엄마를 돌보는 데 한계가 왔다. 초겨울에 요양병원에 모시자는 의견이 나왔다. 요양병원에 모시자는 동생들 의견에, 겨울에 병원에 누워 창밖을 보면 엄마 마음이 더 서글퍼지실 것 같아 예쁜 봄에 모시자고, 힘들겠지만 좀 더 참아보자고 제안했다. 인권부장을 맡았던 해 봄에 갈 곳을 알아보았는데, 엄마는 요양병원을 정말 가기 싫으셨는지 동생이 떠났던 4월 말에 우리 곁을 떠나셨다. 1년에 소중한 사람 둘을 영원히 떠나보냈다.

엄마를 보내고 나는 바로 출근해서 축제 준비를 해야 했다. 파도에 떠밀리듯 시간이 갔다. 조금만 긴장하고 피곤해도 체증과 두통이 발생해서 두통약을 먹어도, 소화제를 먹어도 사라지지 않아이박삼일을 굶으며 물 종류만 마시던 나였다. 체증과 두통은 더 자주 찾아왔고, 오른쪽 머리부터 발끝까지 저림 증상이 나타나기 시작했다. 병원에 가서 검사할 시간조차 나지 않았다.

겨울방학을 했다. 지인 추천으로 알게 된 신경과에 가서 검사를 받았다. 경동맥 초음파, 심장 검사, 삼차 신경 검사, 혈액 검사, 뇌파 검사 등 다양한 검사를 했다. 혹시나 뇌에 문제가 생긴 것은 아닐까 노심초사했다. 결과는 편두통이라는 진단을 받았다. 단순히 체증이 아니라 편두통이 오면 소화가 안 되며, 장 전체가 멈춰서서 움직이지도 않는 상태가 되었고, 머리가 깨질 듯 아팠으며, 먹으면 토하게 되니 먹을 수도 없었다.

신경과 약을 처방받아 아침저녁으로 먹었다. 차년도 업무분장을 해야 하는 시기가 되어 교감 선생님께 말씀을 드렸다. 간호학을 공부하면서 생활 변화로 인해 나타나는 스트레스 정도를 수치화해서 나타내고, 그 수준이 인체에 미치는 영향을 알고 있었던 나는 이번 연도는 부장을 내려놓고 쉬었으면 좋겠다고. 생활 변화로 인한 스트레스 지수가 너무 커서 감당이 안 되니 쉬게 해주십사하고 간절하게 요청했다. 다행히 관리자가 나의 요청을 들어줘서 인권부장을 내려놓고 쉴 수 있었다.

비담임을 하면서 3개월 동안 신경과 약을 먹었다. 몸도 차츰 안정되고 마음도 편안해졌다. 편두통 증상이 없어지니 살 것 같았다. 3개월 후 예약된 날에 병원엘 갔고, 의사 선생님은 두통의 정도를 파악하시더니 신경과 약은 안 먹어도 된다고 하셨다. 그래도 가끔 두통이 좀 심하게 오면 먹으라고 편두통을 해결하는 진통제만 처방해 주시며 더 이상 오지 않아도 된다고 하셨다. 그러면서 하시는 말씀이 "이제 편두통이 어떠할 때 오는지 아시잖아요. 조절할 수 있잖아요."

편두통은 스트레스가 심해지면 영락없이 나타난다. 머리 오른쪽 감각이 둔해지면서 식사를 하면 소화가 안 되고, 위부터 장까지 딱딱하게 굳어지며 움직이지를 않는다. 배란기가 되어 컨디션이 좋아졌다가 생리 전 증후군이 나타날 즈음이면 조금만 주의하지 않아도 편두통으로 고생한다. 두통이 좀 심하다 싶으면 비상약처럼 들고 다니는 두통약을 먹으며 3년이 흘렀다. 이제는 나의 몸 상태와 마음 상태를 파악하고 스스로 편두통을 조절하며 살 수 있게 되었다. 그렇다고 증상이 전혀 없는 것은 아니다.

삶을 살아가면서 스트레스가 없을 수는 없다. 스트레스는 비워내야 한다. 나는 스트레스에 직면하면 잠을 잔다. 잠을 자는 것은 퇴행 기전이다. 더 어린 시기로 돌아가서 잠을 자면서 편안함을 느끼게 되는 것이다. 자주 산책하러 간다. 천천히 자연을 바라다보며 걸으면 기분이 나아지고 안정을 찾게 된다. 깊은 숨을 쉬기도 한다. 최대한 길게 들이쉬고 멈출 수 있는 만큼 멈췄다가 휘파람을 불 듯 아주 조금씩 날숨을 쉰다. 마음을 나눌 수 있는 친구를 만나러 가기도 하고, 혼자 여행을 떠나기도 한다. 먹고 싶은 음식을 직접 만들어 먹기도 하고, 맛집을 찾아가기도 한다. 스트레스 상황을 파악하고 거기에 맞게 해소할 수 있는 자신의 방법을 찾아 효과적으로 관리하며, 건강한 자신의 삶을 살았으면 한다.

06

내가 하는 일에 가치를 심기

"지겨워, 당장 그만두고 싶어." 이 말은 지금 하는 일이 재미가 없다는 것이다. 일이 즐겁지 않다는 것이다. 직장 생활을 하면서 종종 듣는 소리이다. 어제 같은 오늘, 오늘 같은 내일이 반복되는 일상에서 내가 무엇을 하고 있는지 회의감이 들 때가 있다. 의미가 없고 지루하게 지속되고 있다는 생각으로 현실을 외면하고 싶을 때가 있다. 그러다 보면 나에게 맡겨진 일을 소홀히 하는 경향이 생긴다.

'다태아 분만 명의' 전종관 교수님이 〈유 퀴즈 온 더 블록〉에 출연했다. 송일국 씨 아들 삼둥이 분만, 군인 부부 오둥이 출산을 비롯하여 우리나라에서 태어나는 다태아 분만과 관련된 전문가이다. 다둥이를 잉태하면 두 가지 선택지가 있다고 한다. 선택적 임신을 할 것인가와 모두 유지할 것인가이다. 선택적 임신이란, 다둥이들 중 낳고 싶은 수만 남기고 인공적으로 유산을 시키는 것이다. 태아도 위험하고, 산모도 위험할 수 있기 때문이다.

퇴임을 하고 TV를 잘 보지 않던 나는 점심을 먹으며 TV를 켰다. 마침 평소 좋아하는 프로그램이 방영되고 있었다. 전종관 교수님이 초대 손님으로 나왔고, 오둥이 출산에 대하여 MC들과 이야기를 나누고 있었다. "오둥이 출산을 결정하는 일이 굉장히 어려웠을 텐데, 어떻게 그런 결정을 하실 수 있었나요?"라며 유재석 MC가 질문했다. "누구를 남길 것인가?", "배 안에서 형제를 잃은 아이들이 태어나서 과연 잘 살아갈 수 있겠는가?", "아이들에게 기회를 주고 싶었다."라는 말씀을 하셨다.

전종관 교수님은 군인 부부의 오둥이 임신과 김준영, 사공혜 부부 오둥이 임신을 끝까지 유지할 수 있도록 돕고 출산까지 성공적으로 이끌어 주셨다. 두 부부가 오둥이 가족이 될 수 있었던 이유는 교수님의 선택적 유산에 대한 말씀이 큰 영향을 미쳤다. 다른 병원에서는 선택적 유산을 권유받았지만 "아이들에게 기회를 주고 싶다."라는 말씀에 굳은 신뢰감이 생겼다. 교수님은 그 신뢰감에 보답이라도 하듯 오둥이를 끝까지 책임져 주셨다.

그 순간 생명을 바라다보는 교수님의 철학과 당신의 직업적 사명감, 신념이 들어간 단 몇 마디에 나는 마음을 홀딱 뺏겼다. 내가 사람들을 바라보며 쓰는 좋아하는 단어 중에 하나가 "멋있다."이다. 인품이 좋고, 마음 씀도 넉넉하고, 겸손함과 학식도 갖췄으며, 관용과 배움을 멈추지 않는 사람을 한마디로 표현할 때 쓴다. 교수님은 "멋있다."의 기준을 넘어선 어딘가에 존재하는 분 같았다. 내 마음속에서 존경스럽다는 생각이 저절로 솟았다.

현실적인 이유로 나는 간호사관학교를 가게 되었다. 싫든 좋든 간호행위를 하는 일이 나의 직업이 되었다. 환자를 간호하기 위해서는 전문 지식과 환자를 돌보는 기술이 필요했다. 학교를 졸업하고 병원 현장에서 실제로 환자들을 접하며 간호하는 일은 단순히 전문 지식과 기술만을 요구하지 않는다는 것을 알게 되었다. 그것은 바로 직업 소명 의식, 사명감이었다.

환자들은 신체적으로나 정신적·심리적으로 고통받고 있는 사람들이다. 시간이 어느 정도 지나면 정상으로 회복할 수 있는 질병에 걸린 경우에도 환자들은 고통스러워한다. 회복될 수 없는 질병이나 죽음과 직결되는 상황은 말할 것도 없다. 신체적으로 별다른 문제가 없다 하더라도 정신·심리적인 어려움을 호소하는 사람들 또한 마찬가지이다. 환자 개개인의 특성도 갓 태어난 신생아부터 성별 차이, 연령 차이 등 다양하다.

환자들을 돌보는 일을 하면서 나는 직업적 소명을 충분히 다했다고 생각한다. 그렇지만 직업적 사명감과 적성에 맞는가는 다른 문제였다. 병원 근무를 하다가 며칠 휴가를 가게 되면 엄마가 계신 집에 갔다. 다시 돌아가야 할 시간이 다가오면 병원에 가기 싫다고 투덜댔지만, 다시 현장으로 돌아가면 마음 상태를 달리했다. 환자를 돌보며 회복을 지켜보았고, 나의 진심을 알아주며 감사하다고 인사를 하며 병원 밖을 나가는 모습을 보면 보람을 느꼈다. 환자를 기꺼운 마음으로 보살피고, 의료인에 대한 안정감을 주며 충분히 돕는 일 자체가 싫었던 것이 아니었기 때문이다. 나의 실수로 인해 환자의 생명이 좌우지될 수도 있다는 긴장감을 견디기 어려웠고, 공감이나 감정이입이 너무 심해 환자의 고통이 그대로 전해져서 힘들었다. 구속이 심한 체제, 권위적인 계급사회 속에서 자유로운 삶에 대한 갈망도 컸기 때문이다.

병원 일을 과감하게 그만두고 나서 신문 광고를 보고 퇴임 직전까지 근무하던 학교에 취업을 위한 서류를 제출하고 나와 국기 게양대에 서서 운동장을 바라보았다. 정신 간호학을 공부하며 들었던 용어 '기시감, 데쟈뷰'라는 것을 처음 경험하는 순간이었다. 그 공간이 주는 편안함과 친숙함에 너무도 놀랐다. 예전부터 알고 있었다는 느낌이 들었고, 마음이 너무도 설렜다. 서류전형에 합격했고, 3차 면접까지 통과해서 정식으로 교사가 되었다.

학교에서는 매년 2월에 업무부서가 조정이 되고 부장 교사, 담임 교사, 비담임 교사 등으로 업무를 담당하게 된다. 근무를 한 지

2년째 되던 2월에 휴게실에서 여선생님들끼리 업무분장에 대한 이야기가 오고 갔다. 담임을 맡아야 하는데 어떻게 할 것인가에 대한 내용이었고, 담임을 하고 싶지 않다는 의견이 주를 이뤘다. 그때만 해도 인문계 고등학교에 근무하는 국어, 수학, 영어, 사회, 과학 교사를 제외한 예체능 및 기타 교과 선생님에게는 담임 교사를 맡기려 하지 않았다. 주요 교과 교사인 경우는 대부분 담임을 해야만 하는 부담이 큰 상황이었다.

예체능이나 기타 교과목 교사는 담임을 제대로 할 수 없을 것이라는 선입견이나 편견 때문이었다. 학부모님들도 담임이 국어, 영어, 수학을 담당하는 교사이면 자녀가 그 교과목 성적이 오를 것이라는 기대가 있어서 다른 과목보다는 주요 과목 교과 교사를 더 선호했다. 남학교이다 보니 여교사보다는 남교사에게 담임 업무를 맡기는 경향 또한 높았다. 나 역시 여교사이고 기타 교과목 군에 해당했기에 담임 업무를 주지 않았다.

관행에 따른 학교 운영이 지속되었고, 구성원들 간에 불만이 쌓여갔다. 계속해서 담임 업무를 맡게 되면 일찍 출근해서 늦게 퇴근했고, 집은 그저 잠만 자는 공간으로 전락했다. 여성의 역할이 육아 일과 가사 일, 직장 일을 도맡아 해야 하는 구조 속에서 주요 교과목 군에 속한 담임을 맡은 여교사들의 어려움은 이루 말할 수가 없었다. 불만이 쌓이다 보니 갈등도 커졌다. 업무분장이 불공

평하다는 문제가 제기되었다. 관리자들과 업무분장 원칙에 대하여 논의했고 모든 교사가 부장 교사, 담임 교사, 비담임 교사를 담당할 수 있도록 순환하는 구조로 운영하게 되었다.

담임 교사는 비담임 교사보다 세 배 정도는 더 힘들다는 생각이다. 처음 담임을 맡았을 때, 한 반에 인원이 50명이 넘었다. 아침 영 교시 자율학습 한 시간과 정규 수업이 끝난 뒤 저녁 식사를 하고, 야간에 네 시간의 자율학습이 운영되었다. 반 학생들 생활지도와 진학 지도, 상담업무, 생활기록부 작성, 야간 근무를 하다 보면, 학교에 늦게까지 남아 있어야만 하는 날이 많았다. 학생들이 낮에는 수업을 해야 하니 수업 이외의 일은 모두 야간에 해야만 했다.

간호학을 전공하면서 가장 흥미가 있었던 분야는 재활과 정신 간호학 분야였다. 병원에 있을 때, 정신과 병동에도 근무했었다. 반 학생들을 지도하는 데 병원에 있었던 경험은 많은 도움이 되었다. 학생들 한 명 한 명 심리 상태를 파악하고, 그에 맞는 상담과 지도를 해줄 수 있었다. 대학교를 졸업하자마자 바로 교직으로 온 경우보다 좀 더 폭넓은 시야를 가질 수 있었다.

직장 생활을 하면서 나는 나에게 주어진 일에 최선을 다했다. 병원에 있을 때 선배님이 하신 "얘, 돈 받고 하는 일하고 그냥 하는 일하고 같니!"라는 말씀이 마음에 박혀 있기도 했다. 집에서 만

딸로 태어나 반드시 해야만 했던 집안일을 하면서 몸에 밴 책임감
도 한몫했다. 자녀가 여섯이나 되고 병치레가 심한 남편 덕에, 자
녀들 건사하려고 일중독에 걸린 사람처럼 무한 책임감으로 살아
온 엄마의 영향을 받기도 했다.

　사소한 일이든, 중요한 일이든 상관없다. 맡겨진 일, 해야 하는
일에 책임을 다해야 하고, 성실히 임해야 한다. 나의 일이든, 타인
과 관련된 일이든 구분하지 말아야 한다. 소명 의식과 사명감을
가져야 한다. 내가 지금 하는 일을 소중하게 생각하고 의미와 가
치를 부여해야 한다. 매너리즘에 빠져서 잘해도 그만, 대충해도
그만하는 태도를 스스로가 허용하지 말아야 한다. 내가 하는 일에
대한 책임이나 성실도를 결정하는 기준이 타인에게 있어서는 안
된다고 생각한다. 좋아하는 일이든 싫어하는 일이든 그 일을 하는
것은 나다. 그 속에 '나'라는 존재가 있는 것이다. 일을 대하는 태
도는 곧 나의 자존심이고 자부심이다.

07

모든 일에는 때가 있다는 믿음

"기회는 준비된 자에게 주어진다."는 말을 많이 들어봤을 것이다. 사관학교 교육 기간 4년, 임관 후 퇴직하기까지 6년 7개월이라는 시간을 뒤로하고 새로운 시작을 하기 위해 사회에 첫발을 디뎠다. 4년을 공부하고 국가고시에 합격하면 취업 걱정 없이 졸업하자마자 병원에 배치가 되어 바로 일을 했다. 취업하기 위해 원서를 내본 적도 없고, 면접을 본 적도 없었다. 병원을 그만둔 후 망망대해에 떠다니는 배에 올라탄 느낌이 들었다. 오라는 곳도 없고, 가야 할 곳이 정해져 있는 것도 아니었다. 먹고 살기 위해 취업을 해야만 했다.

사관학교에 다니는 동안 교직과목을 이수하고 보건 교사 실습을 마치면 졸업과 동시에 보건 교사 자격증을 주었다. 성적에 따라 상위 20%에 속하면 교련 교사 2급 정교사 자격증도 받을 수 있었다. 나는 다행히 교사 자격증이 둘 다 있었고, 병원을 그만두면서 보건 교사 임용시험을 보고 학교에 보건 교사로 취업하려고 마음먹고 임용고시 준비를 시작했다.

퇴직한 시점이 8월 말이고, 임용고사는 12월에 있었다. 퇴직하기 전에 미리 임용고시를 준비해야 한다고 생각했지만 제대로 하지 못했다. 그해 4월에 결혼했고, 공부할 겨를이 없었다. 9월부터 본격적으로 임용고시 공부를 시작했다. 아침 일찍 도서관에 가서 그동안 보지 않던 책을 꺼냈고, 문제집도 샀으며, 교육학 공부도 해야 했다.

임용고시 공부를 시작한 지 한 달 만에 임신한 사실을 알게 되었다. 입덧이 어찌나 심했던지 먹은 것은 모두 토하기 일쑤고, 식사를 제대로 할 수가 없었다. 먹지를 못하니 기운은 없고, 속은 미식거리고 견디기가 어려웠다. 그나마 귤은 먹을 수가 있어서, 귤 몇 알과 물 종류로 3개월을 살았다. 아침부터 밤늦게까지 도서관을 들락날락했다.

12월에 서울 지역 보건 교사 임용고시를 보았다. 전국에서 가장 높은 경쟁률을 가진 지역이 서울이었다. 물론 지금도 실력이 높은 사람들이 도전하는 곳이 서울이기도 하다. 준비 기간도 짧았고, 처음 보는 시험이라 합격한다기보다는 시험 수준 파악과 경험을 쌓기 위한 도전이라 생각했다. 시험이 끝나고 나왔는데 꽤나 어려웠다는 생각이 들었다. 서울 보건 교사 임용고시 경쟁률은 시험성적 수준이 평균 95점 이상을 받아도 안정권에 들지 못할 정도로 치열했다. 가채점 점수가 95점에 한참 못 미치는 점수가 나왔다.

합격 발표 날짜가 다가왔다. 준비는 전혀 하지 못했지만, 내심 합격했으면 하는 기대를 걸었다. 결과는 당연히 불합격이었다. 아직은 때가 안 된 것이었다. 준비가 덜 된 것이다. 합격에 대한 기대를 걸었던 나 자신이 부끄럽기도 했다. 설익은 과일을 따 먹는 것과 다를 바가 없었다.

시골에 살았을 때, 집 둘레로 개복숭아 나무와 고야 나무를 울타리처럼 심어 놓았었다. 여름이 되면 개복숭아 나무도, 고야 나무도 꽃을 피워 열매를 맺고 익어갔다. 복숭아는 붉은빛을 띠면 달콤한 향이 나고 먹을 수가 있었고, 고야는 파랗던 것이 노란빛을 띠면 홍시처럼 몰랑몰랑 한 것이 맛이 좋았다. 과일나무는 좋은 군것질거리들을 제공해 주었다. 때가 되어야 제맛을 내고 맛있게 먹을 수 있을 테지만, 잘 익을 때까지 기다리지 못했다. 채 익기도 전에 따서 먹곤 했는데, 맛이 없으니 한입 베어 물었다가 얼굴을 찡그리며 뱉어 버리고 나머지는 던져버렸다.

실망스러운 마음을 달래기 위해 여행을 다녀왔다. 마음을 정리하고 다음 시험 준비를 위해 좀 더 체계적이고 철저한 플랜을 짜서 확실하게 해야겠다고 생각했다. 그러면서도 다른 방법으로 학교에 취업할 수 있는 방법을 찾았다.

퇴직하기 전에 함께 근무하던 선배가 퇴직하자마자 사립학교 보건 교사로 취업한 사례가 있었다. 어떻게 취업할 수 있었는지 물었을 때, 연말에 조선일보에 취업 정보 기사가 많이 나오니까 기사를 잘 보라는 말을 했었다. 그 말을 귀담아듣고 있었던 나는 조선일보 기사의 취업정보란을 자세히 보았다. 마침 남자 고등학교와 여자고등학교를 운영하는 사립 재단에서 교련 교사를 채용한다는 기사를 보게 되었다.

재학기간 동안 상위 20% 안에 들어가는 성적을 꾸준히 유지했던 나는 교련 교사 2급 정교사 자격증이 있었고, 채용공고에 따라 원서를 제출했다. 교사가 되려면 고등학교 생활기록부와 대학교 4년 성적과 자격증을 모두 제출해야만 했다. 서류전형에 합격했고, 논술 시험과 3차에 걸친 면접을 본 뒤 최종 합격자가 되었다. 고등학교에서는 사관학교에 들어가는 것이 쉽지 않다는 것을 알고 있었던 것 같다. 학교에 대한 평판도 나쁘지 않았으며, 서류 내용에 좋은 점수를 주었던 것 같다.

대학 진학을 위해 원서를 제출하고 면접을 본 적은 있었지만, 취업을 위한 원서는 처음 써 본 것이었다. 논술 시험과 면접시험 역시 처음이나 마찬가지였다. 내가 사립학교에 취직했다는 이야기를 들은 사람들의 반응은 다양했다. "운이 좋았네.", "재단에 큰

빽이 있었네.", "취업하는데 돈을 얼마 썼어?" 등 여러 이야기를 들었다. 합격이라는 결과가 운만으로 결정되는 것은 아니라고 생각했다. 나는 시골에서 빈농의 딸로 태어났기 때문에 빽은 물론이거니와 취업하기 위해 돈을 쓸 만큼 재산이 있었던 것도 아니었다. 합격이라는 결과를 손에 쥐었을 때, "준비된 자에게 기회가 온다."라는 말을 온전히 체험하는 순간이었다.

사관학교에 합격한 것도 마찬가지이다. 고등학교를 졸업하고 대학에 진학할 수 없다면 일을 하면서 다닐 수 있는 방송통신대학에 들어가겠다고 생각하고 있었다. '삶이 어떻게 진행될지 모르니 현재 주어진 일에 충실하자!'라는 생각으로 학업에 소홀하지 않았다. 마침 고등학교 2학년 때, 학교 근처에 있는 군 병원에서 간호사관학교 홍보를 나왔다. 입학 설명회를 들으며 하늘이 나에게 준 기회라는 생각이 들었다. 사관학교 원서를 냈고 1차 시험, 체력 검사, 면접시험, 학력고사 등 여러 절차를 통과하여 합격 통지서를 받았다.

학생들을 많이 접하다 보니 사춘기의 진행에 대해 많이 알게 되었다. 요즘엔 아이들의 성숙 정도가 빨라서 초등학교 고학년이 되면 여성으로서, 남성으로서 징후들이 나타나는데, 여성의 신체적 성장 속도가 더 빠르다. 사춘기에 접어들게 되면 자신만의 공간,

자신만의 세계, 가치관이 생기게 된다. 독립된 자아를 형성하기 위해 혼란의 시기를 겪으며 부모와 많은 갈등을 겪게 되고, 부모도 아이들도 힘든 시기를 맞이하게 된다.

초등학교 고학년에 사춘기를 경험하는 학생들은 중학교 3학년이 되면 대체적으로 사춘기가 정리된 상태로 고등학교에 진학하고, 학교생활에 적응하는 데 별반 무리가 없다. 반면에 중학교 3학년 무렵에 사춘기에 들어간 학생들은 고등학교 1학년이 되면 절정기에 다다른다. 방황의 정도가 심한 학생들은 학교생활에 적응하기 어렵고 힘들어서 학업을 중단하는 사례가 많다.

담임을 하면서 학부모님들과 자녀에 대한 상담을 진행해야 하는 경우가 종종 있다. 담임 교사나, 부모님이나 방황이 심한 상태에 있는 아이를 잘 케어하는 일은 매우 어렵다. 부모님도 어떻게 해야 하는지 방법을 잘 모르고, 학생도 아직 성숙하지 못했기 때문이다. 그럴 때 부모님들의 고민이 깊어진다. 나는 경험을 바탕으로 필요한 조언을 해준다.

"사춘기가 언제쯤 끝날까요?"

"현재 사춘기가 절정기라면, 정리되기까지 짧으면 한 학기, 길면 1년이 걸립니다."

"어떻게 하면 좋을까요?"

"심리적 안정감을 가질 수 있도록 지지해 주시고, 정리될 때까지 기다리셔야 합니다, 전문가의 도움을 받는 것도 추천합니다."

딸아이를 기르면서 나 또한 아이와 많은 갈등을 겪었다. 대화하다 보면 내가 생각하는 논리와 전혀 맞지 않는 말을 하면서 문제가 없다는 태도를 취하는 경우가 많았다. 전혀 예측하지 못했던 반응이 나오기 때문에 말문이 막혀버렸다. 아이의 말에 수없이 상처를 받기도 하고, 서로 감정이 상하다 보니 해서는 안 되는 말들이 오고 갔다. 서로 지지 않으려고 자존심 대결을 하며 갈등의 골은 깊어지고, 관계는 더욱 소원해지기도 했다.

아이가 어른이 되고 서로의 의견을 주고받으며 대화라는 것을 할 수 있게 되었다.

"중·고등학생 때 말이나 행동을 왜 그렇게 했니?"
"나도 몰라, 미쳐 있었던 것 같아."
"네가 하는 말대답에 약이 올라 죽는 줄 알았어."
"엄마, 그때 아이들은 어른들이 어떤 말을 들으면 화가 나는지 귀신같이 알고 있어."

어이가 없었다. 어른들의 심리를 꿰뚫고 하고 싶은 대로 했다는 말이다. 부모로서 성장하기 위해 겪어야 하는 일이고, 아이가 어른이 되기 위한 준비과정인 것이다.

모든 일에는 시작과 과정과 결과가 있다. 삶이라고 하는 것은 언제 어느 때 어떤 방향으로 나아갈지 알 수 없기에 지금 해야 하는 일에 집중하고, 시간을 투자하고, 꾸준하게 노력해야만 한다. 일정 수준까지 도달하지 않으면 자신이 원하는 결과를 얻을 수 없다. 유능한 운동선수가 되는 것도, 어떤 분야에 전문가가 되는 것도 지금 해야만 하는 일에 집중하고 노력하지 않으면 나에게 기회가 와도 잡을 수가 없다. 적절한 시기가 되어야 가능하고, 준비된 자에게만 기회가 주어지는 것이다.

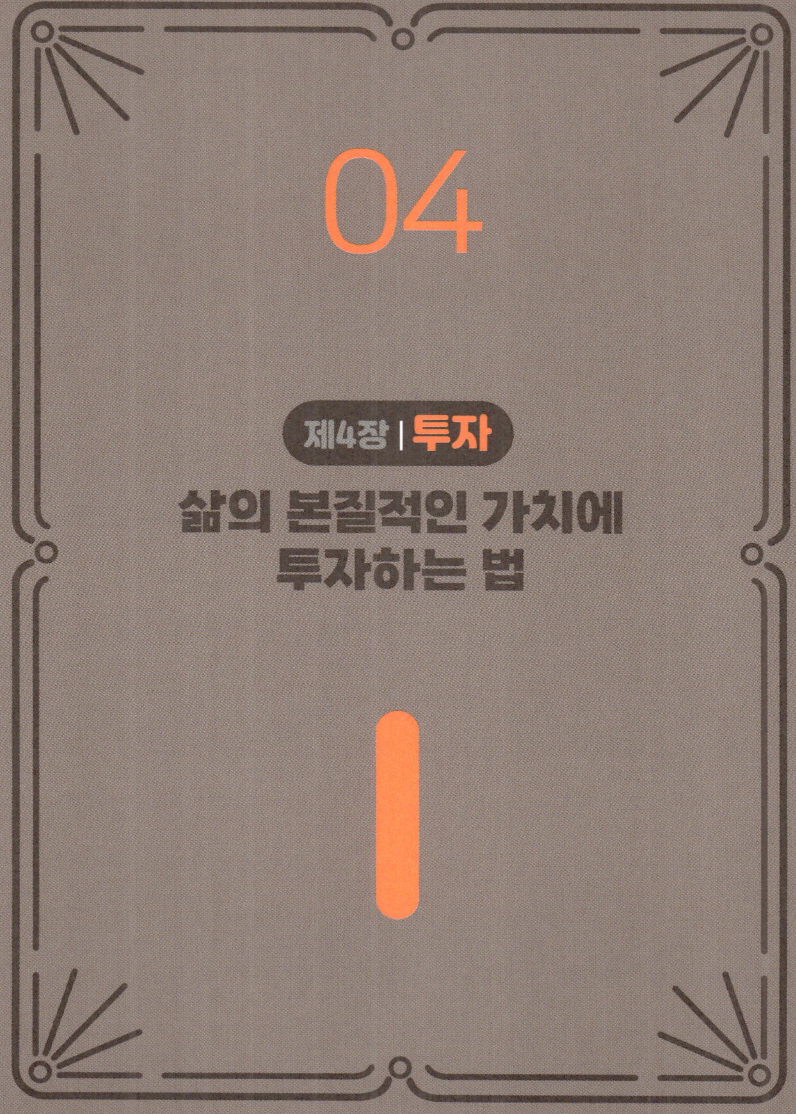

04
제4장 | 투자
삶의 본질적인 가치에
투자하는 법

01

깊은 사유를 이끌어내는 독서

이사를 여러 번 다니면서 책 관리를 제대로 못해 모두 버렸다. 그러지 않았다면 발행한 지 적어도 40년이 넘은 책들부터 1년도 안 된 책들이 나의 선택을 받았고, 작은 공간을 차지하며 수많은 추억들을 품은 채 진열되어, 나에게 잔잔한 에너지부터 강렬한 에너지를 보내고 있었을 것이다.

책을 좋아하는 사람들은 나름대로 책을 고르는 방식을 가지고 있다. 누구는, "베스트셀러는 적어도 읽어야지.", 어떤 이는 "골고루 책을 봐야 해.", "좋아하는 장르가 있어." 등의 이유로 책을 선택한다. 나는 신문이 중요한 매체였을 때, 신문에 나오는 책 소개를 보고 사기도 했다. 책을 많이 보는 사람들은 자신이 읽은 책 중에 감명 깊게 읽은 책을 읽어보라고 권하기도 했다. 지인들에게 좋은 책을 추천해 달라고 하기도 했고, 교직에 있을 때는 사서 선생님의 의견을 묻기도 했다. 서점에 가고 싶다는 생각이 들 때, 서점에 들러 매대에 올려져 있는 책을 뒤적이다가 제목에 끌려 사온 적도 있다. 인터넷 전문 서점이 생긴 이후로 서점을 가기보다는 인터넷에서 광고를 보고 책을 고르기도 한다. 어느 작가의 책을 한 권 읽고 나면 그 작가에 대하여 더 알고 싶어 같은 작가의 다른 책을 사기도 한다.

내가 책을 본격적으로 보게 된 시기는 중학교에 다니면서부터였다. 초등학교 시절엔 무슨 책을 읽었는지 기억이 거의 없다. 국어 교과목을 공부하면서 교과서와 연관된 책이거나 학교 선생님이 추천해 주는 책, 고전이니 꼭 읽어보면 좋다고 알려진 책들을 읽었다. 부유하게 사는 친한 친구 집에 가면 만화 전집도 볼 수 있었고, 오빠들이 사다 놓은 무협지도 보았다.

가장 좋아하는 분야의 책은 장편소설이었다. 한 권에 여러 작품이 들어 있는 단편집은 읽기가 힘들어서 다 읽기까지 오랜 시간이 걸렸다. 어려서는 국내 작가가 쓴 책보다는 외국 작가 책을 읽었다. 외국 소설은 도입 부분이 길고 지루한 감이 있었지만, 그 단계를 넘기면 밤을 새워가며 읽어야 할 정도로 나를 사로잡았다. 소설은 스토리가 이어져 있고, 나오는 인물들이 다양하며, 뚜렷한 개성들을 가지고 있어서 사람을 이해하는 데 많은 도움이 되었다.

성인이 되고 나서는 단행본 소설도 읽었지만, 시리즈물 소설들을 좋아했다. 박경리 작가의 『토지』를 비롯해서 조정래 작가의 시리즈물, 마르셀 프루스트의 『잃어버린 시간을 찾아서』 등 장편을 좀 읽었다. 단행본을 읽었을 때보다 장편 시리즈물을 읽었을 때가 성취감이 훨씬 더 컸다. 다 읽은 책을 꽂아두고 바라다볼 때마다 흡족하고 자부심이 생겼다.

책을 읽는 습관은 각자 다르겠지만 나는 정독하는 습관을 가지고 있다. 모든 책을 교과서 읽듯이 읽기 때문에 읽는 속도가 워낙 느려서 도서관에서 책을 빌려다 읽는 것이 힘들다. 정해진 날짜에 반납해야 하고, 마음에 와닿는 문구에 밑줄을 긋지도 못하니 불편하다는 생각이 든다. 책을 빠르게 읽는 사람들은 책 한 권을 읽는 데 두세 시간 정도면 다 읽는다. 내심 많이 부러워하는 부분이다.

책을 읽어야 하는 이유는 어디에 있을까? 내가 책을 읽는 이유는 첫 번째로 재미가 있어서이다. 책을 읽다 보면 그 속에 빠져들어서 누가 불러도 듣지 못할 정도로 몰입하는 경우도 있다. 책을 전혀 읽지 못하는 사람들도 있다. 책을 읽는 것이 재미가 없으니 강제로 읽힐 수도 없다. "평안감사도 저 싫으면 그만이다."라는 속담이 있다. 감사라 하면 조선 시대 관직의 하나로 도에서 가장 높은 벼슬이다. 사법권, 징세권 등 절대적인 권한을 행사할 수 있는 위치로 권력과 힘이 세다. 그럼에도 싫다고 하니 강제로 시킬 수 없는 노릇이다.

두 번째로 책을 통해서 사고의 확장을 경험할 수 있다. 같은 사물을 바라다보더라도 보는 각도에 따라 그 특성이 다 다르듯이 누가 썼는가, 무엇에 대하여 썼는가에 따라 확연히 다르다. 다양한 시각에서 바라볼 수 있는 생각의 크기가 달라지는 것이다. 장미를 그림으로 그린다 치자. 어떤 화가는 아주 자세하게 디테일을 강조하는 사람이 있는가 하면, 어떤 사람은 아이가 그린 그림처럼 아주 단순하게 그린다. 두 그림을 보는 감상자의 입장에서는 생각과 느낌이 전혀 다르다. 사고의 다양성은 삶을 살아가는 데 꼭 필요한 부분이라고 생각한다.

세 번째로 지식과 기술의 확장을 이룰 수 있다. 전문직에 종사하는 사람이라면 깊이 있는 전문적 지식을 습득할 수 있고, 지식으로 준비된 사람은 자신감을 키울 수 있다. "알아야 면장을 한다."라는 말이 있다. 면은 인구 규모가 가장 많은 지역이 5만 2천 명 정도이다. 어떤 곳은 천 명이 안 되는 곳도 있다. 인구의 크기와 상관없이 어떤 일을 제대로 할 수 있으려면 그에 관련된 지식과 능력을 갖추어야 한다는 의미이다. 우리는 가끔 전문 지식과 기술이 없는 의료인이 의료행위를 하다가 인명사고를 내는 일을 보기도 한다.

네 번째로 통찰력을 기를 수 있다. 통찰력은 자신이 가지고 있는 감각이나 지식정보 등을 이용하여 상식이나 경험 또는 분위기를 바탕으로 결론을 내리거나 다른 정보를 추출하는 능력을 말한다. 인간은 크든 작든 공동체 속에 속하면서 살아간다. 작게는 가족 공동체를 비롯해서 동아리, 지역사회, 국가 공동체, 더 나아가 지구 공동체 구성원으로 살아갈 수밖에 없다. 보편적인 시각만으로 공동체를 바라본다면 성장 발전이 어려울 수 있다. 통찰력은 창의성과 연결되기 때문이다. 공동체 규모에 따라 통찰력은 작은 리더십부터 큰 리더십을 발휘할 수 있게 해준다. 사회 통합과 화합에 꼭 필요한 것이 통찰력이다.

다섯 번째로 자기 성찰을 통한 성장의 기회로 삼을 수 있다. 책 속에는 오랜 시간 사색의 결과로 얻어진 소중한 지혜들이 담겨 있다. 인간관계의 어려움을 겪고 있는데 같은 경험을 바탕으로 얻은 지혜가 담긴 한 줄의 글을 읽었을 때, '맞아, 그럴 수 있어.', '좋은 생각이야.', '이런 생각을 하다니!'라며 공감하게 된다. 다른 사람의 경험을 통해 자신이 잘못한 부분이 무엇인지, 어떠한 노력을 해야 하는지를 알게 된다. 어려서 읽은 『어린 왕자』에서 여우가 한 말 "네가 길들인 것은 영원히 책임을 져야 하지."라는 말은 내가 사람들을 대할 때, 어떤 마음을 가지고 대하는지를 돌아보는 계기를 주었다. 그 책을 읽고 자연물 하나하나도 소중히 여기고 아름다움을 발견하려는 내가 되었다고 생각한다.

여섯 번째로 감동과 감정이입으로 카타르시스를 경험할 수 있다. 영화를 보면서 나의 슬픔과 기쁨을 영화 속 인물들의 감정들과 동일시 하는 자신의 모습을 볼 수 있다. 드라마를 보면서 눈물을 흘리거나, 악역의 인물을 향해 비난을 퍼붓기도 하고, 심지어는 심한 말을 쏟아내기도 한다. 고통받는 인물의 아픔을 같이 나누고 싶다는 생각을 하기도 한다. 책도 마찬가지 경험을 하게 해준다. 슬픈 내용일 때는 눈물을 흘리며 보고 애절한 아픔에 가슴이 저려 오기도 하며, 즐거움으로 얼굴에 미소가 번지기도 하며 책을 읽는다.

끝으로 언어 민감성이 발달한다. 책을 읽으려면 오랜 시간 집중하고, 그 내용이 어떤 내용인지 충분히 이해하기 위해 언어에 대한 이해가 있어야 한다. 평소에 자신이 잘 쓰지 않는 단어나 문장을 접하면서 어휘력이 향상된다. 교과서에서 다루지 않는 어휘들도 많다. 아는 어휘가 많아지면 자연스럽게 말하는 능력, 글쓰기 능력이 향상된다. 글쓰기 능력을 중요하게 여기기 때문에 학교 시험 문제에도 논술평가가 꽤 높은 비중을 차지한다. 답안 작성 상태를 보면 "논술하시오.", "서술하시오."라는 요구에 단어만 몇 개 나열해 놓은 학생들이 많다. 반면, 답안을 제대로 작성한 학생들을 보면 평소에 책을 많이 읽고 있는 학생들이 대부분이다.

책은 삶을 지탱할 수 있게 해주는 지혜의 창고이고, 길벗이고, 동반자이다. 문제해결력을 키워주기도 하고, 깊은 감동을 주기도 한다. 사람들을 만나 대화를 하는 과정에서 어떤 단어를 사용하느냐, 어떤 표현을 쓰느냐에 따라 그 사람의 인상이 달라진다는 것을 느낀 적이 있을 것이다. 책을 읽음으로써 사람과의 관계도 부드럽게 해줄 수 있다. 협상 상황에서는 좋은 협상을 이끌어 주는 밑바탕이 될 수도 있다. 책 속에 진리가 있다는 말은 그냥 하는 이야기가 아니다.

02

사람을 이해하기 위한 글쓰기

"선생님이 제가 아닌데 어떻게 이해한다는 말씀을 하시는 거예요, 이해할 수 없는 거예요, 저와 똑같은 경험을 하신 것도 아니잖아요."

재학 중에 소중한 친구를 잃은 학생이 있었다. 너무 힘들어하면서 마음을 잡지 못하고 고통스러워하는 모습으로 생활하고 있었다. 어찌 보면 등교하는 것 자체도 어려웠을 것 같다. 그 학생에게 도움을 주고 싶어 학생을 부르고 이야기를 나누었다. 나름의 경험을 가지고 마음을 읽어주고 위로한답시고 여러 가지 위안이 되는 말을 하며 충분히 힘든 것을 이해한다고 했다가 학생에게 들은 말이다.

죽음에 대한 직접적인 경험이라면, 중학교 때 가정을 가르치던 선생님이 방학 중에 돌아가신 일, 학부 2학년 때 아버지가 교통사고로 돌아가신 일, 병원에 근무하며 꽤 많은 죽음을 본 것, 동기 중 3명이 하늘나라로 간 것, 같이 근무하며 매일 같이 얼굴을 마주 보고 근무한 의사가 야간 근무를 하던 새벽 2시경 사고로 돌아가셨다는 소식을 들은 것 등 평범하게 살아 온 사람들보다는 좀 더 다양한 죽음을 많이 보아온 터라 위로의 말을 해줄 수 있다고 생각했었다.

학생의 생각에, 자신의 심정을 잘 알지도 못하면서 자기를 불러 섣부른 판단을 하고 이해한다는 표현을 한 것이 훈계한다는 느낌을 주어 반감을 크게 가졌던 것 같다. 한참 사춘기를 겪으면서 어른들의 훈계 식 말을 지겹도록 들었을 테고, 어른의 말을 따르지 않고 멋대로 행동한다고 야단도 많이 맞았다는 생각이 들었다. 자신이 잘못한 정도보다 더 과도하게 야단을 듣고, 반복적으로 오랜 시간 훈계를 듣는 학생들은 어른들의 말을 듣기 힘들어했다. 부모에게서도 비슷한 훈계를 여러 번 듣고 학교에 가서도 똑같은 이야기를 들어야 하니 지긋지긋하다는 생각이 들고 아예 대화하는 것, 듣는 것 자체를 거부하는 학생들이 간혹 있었다.

결국 나는 그 학생에게 진심으로 사과했다. "내가 네가 아닌데, 너와 같은 상황을 직접 경험한 것도 아닌데, 이해한다고 말한 것은 잘못된 것 같다." "네 마음을 다 이해하기는 힘들겠지만, 네가 힘들고 어려운 상황이라는 것은 인정한다."라고 말해 주었다. 그

제야 비로소 조금은 수긍하는 태도를 보이긴 했지만, 자기 일에 상관 말라며 돌아서 가버리는 학생의 뒷모습을 바라만 볼 수밖에 없었다.

어떻게 했으면 그 학생에게 실질적인 도움을 줄 수 있었을까 많이 고민했다. '무엇이 문제였을까.' 지금도 그 생각이 떠오르면 미안한 생각이 든다. 학생이 마음을 열고 자신의 이야기를 할 때까지 천천히 다가가면서 라포 형성 기간을 가졌어야 했을까. 아니면 무심한 척, 모른 척 지켜봐 주는 것이 답이었을까. 아니면 아예 수수방관하는 것이 나았을까. 지금 생각하면 '손으로 꾹꾹 눌러쓴 편지를 주었다면 학생의 반응이 달라지지 않았을까.'라는 생각을 해 본다.

블로그를 하다가 아트살롱 기획자 대표를 알게 되었다. 그분은 아트딜러이자 미술사가 오정엽 선생님과 협업하며 국내 작가들의 그림을 소개하고 판매하는 일을 하고 있다. 지역사회를 기반으로 작은 카페도 좋고, 어디든 장소를 불문하고 평범한 사람들을 상대로 그림을 알리며 일상과 함께하는 문화생활의 형태를 조금씩 바꾸어 주고 있다는 생각이 들었다.

내가 사는 곳과 별반 멀지 않은 화성의 작고 아담한 카페 '커피하다&꽃물을만나다'에서 아트살롱이 열렸다. 딸아이가 잠깐 살았던 곳에서 가까운 곳이라 길도 익숙하고, 운영 방식과 강의 내용이 궁금하기도 하여 신청했다. 비를 내릴 구름이 하늘을 덮고 있었는데, 자동차 전용도로를 달리다 보니 꽤 세찬 비가 내려 더위를 식혀주고, 비를 맞아 싱그러움을 한창 더하는 산 능선들 사이를 지나 카페에 도착했다.

주차를 하고 카페 문을 열고 들어갔다. 다양한 종류의 꽃차들이 즐비하고, 깔끔한 실내와 다락방 같은 2층으로 올라가는 계단도 있었다. 그림 전시와 강의는 2층에서 진행될 계획이었다. 약속된 시간이 되어 2층으로 올라가니 테이블이며, 장 위며, 창가 바 위에 1호부터 10호 크기의 그림이 전시되어 있고, 오정엽 선생님이 앉아 계셨다. 나는 "안녕하세요." 인사를 드렸다. 아무 반응이 없이 무뚝뚝한 표정이었다.

지금까지 많은 강의를 들으러 다녀봤지만, 수강하는 사람들을 맞이하는 모습이 생경하다는 느낌이었고, 보여지는 모습이 다른 사람들과 달라서 내심 놀랐다. 다과가 준비되었고, 아트살롱 기획자님의 진행에 따라 참석자들의 간단한 자기소개가 있었다. 오정엽 선생님은 자기소개 내용을 들으며 메모를 하셨다. 강의가 시작되었다.

오정엽 선생님의 깊이감 있고 철학적인 강의 내용과 작가들의 오랜 내적, 외적 몰입에서 오는 통찰을 반영한 그림을 연결하는 강의를 하셨다. 그림은 색을 이용하여 영의 세계, 영적 에너지를 표현하는 것이기에 함부로 그려서는 안 되며, 그림을 보는 사람들에게 위로, 위안, 평화를 줄 수 있는 그림이어야 한다고 말씀하셨다. 그림을 그리는 사람들은 그림 이외에 다른 것에 빠지면 그림으로 감동을 줄 수가 없다는 것이다.

강의를 듣고 『오정엽의 미술 이야기』 책을 샀다. 선생님께서는 삶의 지혜와 풍요의 기운이 임하기를 바라는 내용을 적고 친필 사인을 해주셨다. 전시된 그림 가운데 마음에 드는 그림에 대한 설명도 들을 수 있었다. 나의 일상에, 문화생활이라는 영역에 그림을 그리는 화가들이 깊이 들어온 느낌이 들었다. 함께 기념사진도 찍고 식사도 했다.

『오정엽의 미술 이야기』 책을 읽었다. 아트살롱에 참여하여 처음 선생님을 만났을 때, 무뚝뚝하다는 인상을 송두리째 바꿔놓은 책이 되었다. 아트딜러가 되기까지 겪어온 험난한 여정이 여실히 나타나 있다. 사후에 천재 화가로 칭송받는 박수근, 이중섭이 아닌, 현존하는 천재 화가 박수근, 이중섭을 만들어야 한다는 선생님의 신념을 위해 고통을 마다하지 않았다. 재능있는 화가가 경제적 어려움에 굴복하여 그림을 중단하고 화가의 본질을 잃어버리지 않게 하기 위하여 막노동도 불사했다. 현존하는 천재 화가가 될 수 있도록 지원하는 것이 자신의 사명이라고 생각하며 사회적 지위와 명예를 내려놓으셨다. 오정엽 선생님은 화가가 자유로운 상황에서 그림에 몰입할 수 있도록 물심양면으로 돕는 헤아릴 수 없는 사랑을 품은 분이었다.

아트살롱에 참여하고 오정엽 선생님이 쓴 책을 읽으며 많은 것을 느꼈다. 전시회가 있을 때 단순한 관심과 호기심으로 그림을 보러 다니며, 느낌만으로 그림을 보던 그림 감상 태도를 돌아보는 계기가 되었다. 작가에 대하여 모르고 볼 때와 알고 볼 때의 그림은 전혀 달랐다. 작가가 어떠한 의도를 가지고 그림을 그렸는지, 그림에 대한 스토리가 무엇인지 알았을 때, 그림이 전해주는 느낌과 에너지는 감상자인 나의 감동을 다른 차원으로 데려가 주었다.

글로 쓰여진 책을 보고 글을 쓴 사람이 어떠한 사람인지를 더 잘 알게 된다. 글은 나를 표현하는 수단이다. 인사말 한마디에 반응하지 않았다고 무뚝뚝해서 감정이 살짝 상했던 자신을 돌아다보게 해주는 것이 글이다. 내가 만일 오정엽 선생님이 쓴 책을 읽지 않았다면, 한 번의 만남으로 그에 대한 인상을 주변 사람들에게 말하고 다녔을 것이다.

사람의 모든 행동은 감정을 반영하고 있다. 감정의 언어로 이야기하고 있는 것이다. 얼굴 표정이 밝고 미소를 띄고 있다면 좋은 일이 있다고 생각한다. 반면에 표정이 어두워 보이면 걱정거리가 있다고 여긴다. 걸음걸이나 몸의 움직임 또한 감정을 담고 있다. 나는 걸어 다닐 때, 땅을 잘 바라다보고 힘없이 천천히 걷는 것을

좋아한다. 특별히 고민이 있어서라기보다, 걸으며 생각에 잠겨있
거나 아무 생각 없이 걷고 있는 것이다. 이런 모습을 사람들이 보
면 피곤 하느냐, 어디 아프냐고 묻는다. 천천히 힘없이 걸으며 어
두운 표정을 하고 있으면 기분이 좋지 않은 일이 있었나보다고 생
각한다. 감정언어와 실제 감정은 다를 수 있다. 그것을 알 수 있도
록 해주는 것이 글이다.

많은 사람들이 자신의 이야기를 글로 쓴다. 나 역시 마찬가지이
다. 글로 자신의 이야기를 쓰는 이유가 어디 있을까. 그것은 자기
스스로 자신이 어떠한 사람인지 발견하기 위하여 쓰는 것이다. 자
신의 생각과 감정을 글로 정리하다 보면 분명한 자신을 볼 수 있
고, 자신을 이해할 수 있게 된다. 누적된 글들을 보면 자신의 성장
도 확인할 수 있게 된다. 또한 다른 사람과 소통하고 공감하기 위
하여 진심이 담긴 이야기를 글로 나눌 수 있는 것이다. 나의 이야
기가 삶에 대한 지혜의 흔적이기에 누군가에게 위로와 용기를 주
기도 하고, 타인과 연결되는 출발점이 되기도 하기 때문이다.

03 ······

긍정의 마음을 채우는 산책

아침부터 딸아이에게 전화가 왔다. 전화를 할 때마다 첫마디가 "엄마, 뭐해?"라고 묻는다. 누워 있다가 전화를 받기도 하고 음식을 하다가도, 일을 하다가도, 산책을 하다가도 전화를 받곤 한다. 오늘은 동생들과 점심식사를 하려고 일찌감치 일어나 준비하고 있었다. 간밤에 글을 쓰기 위해 원고 파일을 열었지만, 서두 부분을 어떻게 시작할까 고민만 하다가 닫아 둔 원고에 대해 생각하는 데 전화가 온 것이다.

"산책과 관련된 글을 쓰는데 도입 부분 시작이 어려워 고민하고 있어."
"그래!"
"나랑 산책했던 이야기를 써."

"너랑 산책은 많이 했는데 기억이 잘 안 나네."

"엄마는 언제 산책하고 싶어?"

"때마다 다 다르지, 마음에 따라, 계절에 따라, 시간에 따라."

"어느 계절이 좋아?"

"어느 계절이나 다 좋아."

"시간은 언제가 좋아. 낮이야, 밤이야?"

"다 좋아."

"어떤 기분일 때 산책하고 싶어?"

"기분이 좋을 때나, 나쁠 때나, 화날 때나, 슬플 때나 언제나."

딸아이의 폭풍 같은 질문이 끝나기도 전에 통화를 종료할 수밖에 없었다. 딸아이가 타야 할 버스가 도착한 것이다. 내가 산책을 좋아하다 보니, 방학 기간이나 주말에 딸아이와 어릴 때부터 산책을 나갔다. 다행히 집 근처에는 언제나 산책하기 좋은 숲이나 자그마한 산, 논둑길이나 밭둑길이 있어, 어린이집에 다닐 때부터 조그마한 손을 잡고 산책을 다녔다. 시골에서 자란 나는 흔하게 널려있는 풀이름이나 꽃 이름, 나무 이름, 곤충의 종류를 도시에서 자란 사람들보다는 많이 알고 있었다. 딸아이는 길을 걷다가 쪼그려 앉아 곤충들이 기어다니는 것을 보고 놀기도 하고, 들꽃들을 가리키며 이름을 묻기도 했다.

딸아이와의 산책은 내 어린 시절에 대한 추억을 돌이키는 일이었고, 놀이를 재연하는 시간이었으며, 자연을 바라다보는 시선을 아이에게 가르쳐 주는 기회가 되었다. 아이가 하나였기에, 딸아이와 놀아주어야 하는 사람은 항상 나였다. 몸이 피곤해서 쉬고도 싶었지만, 아이를 데리고 다니며 나 역시 힐링하는 시간이 되었다.

엄마와 함께한 산책의 기억에 대해 짧은 글을 하나 써 보라고 했더니 보내온 글이다.

"산책이란 단어에 바로 떠오르는 동화 같은 장면이 있다. 유난히 느린 엄마의 걸음에 서로 노력하지 않아도 같은 속도로 걸을 수 있을 정도로 작았을 시절. 산과 도로변 사이 산책로답지 않은 인도에서 만난 옥수수처럼 생긴 묘한 덩어리. 그때의 나에겐 그것이 옥수수처럼 크게 느껴졌다. 처음 보는 저 낯선 것이 품고 있을 것이 달갑지 않았던 나에게 이것 봐라~ 신기한 거 보여줄게. 전문가스러우면서 장난기 담긴 목소리에 내가 보인 관심은 별 기대가 없었는데……. 그때 엄마는 능숙한 손길로 그 풍성한 덩어리를 야무지게 가르고 후 불어버렸다.

그날 엄마는 누구에게도 없을 그런 세상을 나에게 불어버렸다. 내 눈앞은 온통 작고 뽀송한 구름 조각들이 뒤덮고 있었다. 처

그날 아이에게 따 준 것은 박주가리 열매였다. 지금도 가끔 그 이야기를 한다. 가정 형편이 어려웠기도 했지만, 내가 자라던 시절에만 해도 시골에서 나만의 장난감을 갖는다는 것은 불가능한 일이었다. 기껏해야 검은색 긴 고무줄, 윷, 동글동글한 돌멩이를 골라 모은 공깃돌, 자치기, 썰매, 잠자리채 등이었다. 돈을 주고 사 온 것은 그나마 고무줄이 다였다. 모두 주변의 나무를 잘라 만들거나, 아버지나 오빠가 만들어 준 것이다. 집 안에서 노는 것이 실증 날쯤이면 밖으로 나가 들이며, 숲이며 도로, 산을 돌아다니며 놀이터 삼아 놀았고, 주변에 보이는 것은 모두 놀이기구가 되었다.

손이 닿을 만한 위치에 있는 꽃은 아이들이 지나가는 날이면 생명을 담보로 잡혔다. 들꽃을 꺾어 꽃다발을 만들어 안고 다니기도 하고, 화환을 만들어 썼으며, 토끼풀꽃을 골라 뽑아 반지며 팔찌며 목걸이를 만들어 끼고 걸고 놀았다. 민들레꽃이며 제비꽃 등 지천에 널려있는 꽃들을 따서 귀에 꽂기도 하고, 나뭇잎을 돈 삼

아 장사를 하기도 했고, 돌을 모양대로 골라 소꿉놀이를 하며 보
냈다. 잠자리채를 들고 다니며 날아다니는 잠자리를 휘둘러 잡아
채 통에 가득 잡아 닭에게 먹이로 주었고, 뛰어다니는 메뚜기를
기어코 쫓아가 잡기도 했으며, 매미가 우는 곳을 정확히 짚어내며
찾아내 맨손으로 잡았다. 아카시아 이파리를 따 가위바위보를 하
며 술래를 정하기도 했다.

등하교를 하면서 때로는 왕복 세 시간 거리를 걷기도 했다. 누
군가와 함께 걷는 길이 아닌, 혼자 걷는 길이었다. 그럴 때마다 만
나는 나무나 꽃, 풀, 하늘, 달, 별, 구름은 나와 함께 걸어 주었고,
자연스럽게 나는 그것들 속으로 들어가 하나가 되었다. 걸으면서
많은 생각을 했다. 기댈 수 없는 부모님, 동생들, 집안일, 진학, 학
업, 직업 등 삶과 직결되는 현실적인 문제에 골몰하며 다녔다.

많은 시간을 혼자 걸으며 나의 내면을 바라다보는 시간을 많이
가졌던 것 같다. 나에게 주어진 해결해야 하는 일에 대해 딱히 누
구에게 의견을 물어보거나 나눈 기억이 별반 없고, 혼자 생각하고
혼자 결론을 내렸으며, 결단하고 행동하는 것도 혼자였다. 내가
산책을 특별하게 여기는 것은 어린 시절의 연장선에 있는지도 모
르겠다.

여성들은 생리주기가 있어 한 달 동안 생체리듬이 저조기와 고
조기를 왔다갔다한다. 정상적인 신체 컨디션도, 심리적인 컨디션

도 호르몬 주기에 따라 영향을 많이 받는다. 생리 전 증후군이 나타나면 갑자기 슬픔이 쓰나미처럼 몰려올 때가 있다. 짜증도, 화도, 분노도 증폭되어 나 스스로 통제하기 어려운 감정 상태가 될 때가 있다. 물그릇에 가득 찬 물처럼, 톡 건드려 주기만 하면 쏟아질 것 같은 상태 말이다. 이럴 때는 산책을 나가야만 한다.

산책이 주는 위로가 있다. 위로를 받고자 하는 산책은 골목길보다는 호수 둘레길이나, 천변 길이나 숲속 길이 좋다. 호수 주변에는 텃새들이 노닐고, 윤슬을 던지는 햇빛과 잔잔한 물의 움직임이 위로를 준다. 넓은 호수 위로 펼쳐진 하늘도, 구름도 내가 빨리 걷는다고 가까이 오는 것도 아니고, 천천히 걷는다고 멀어지는 것도 아닌 채로 내게로 온다. 발바닥으로 느끼는 딱딱함, 피부에 닿는 햇살의 따뜻함, 바람에 날리는 머리카락과 바람의 감촉은 내가 지금 여기 좋은 것과 함께한다는 것을 알게 해준다. 파도처럼 일렁이는 마음을 잔잔하게 해준다. 슬픔도, 분노도, 짜증도, 억울함까지도 다스릴 수 있게 해준다. 그러니 산책은 천천히 걸어야 한다. 깊게 숨을 들이마시고 길게 내쉬며 넓은 시야를 바라다보고, 나의 마음을 읽어내는 시간을 갖는 것이다.

산책은 내 마음에 평화를 만드는 시간이다. 날씨가 화창하고 기분이 좋은 날 산책을 나가면 오랫동안 기분 좋음이 유지가 되어 행복감이 배가 된다. 산책은 불편한 내 마음을 흘려보내는 시간이

다. 나의 감정을 억누르는 것이 아니라 자연스럽게 마음을 들여다
보며 마음을 읽어주고, 감정이 일렁이는 것을 알아주며 나를 보듬
어 주는 명상의 기간이다. 몸을 움직이니 마음도 따라 움직여 주
며 자연의 아름다움으로 나를 채우는 나를 사랑하는 법을 실천하
는 일이다.

사진은 내 마음을 담는 거울

카메라를 들고 다니며 사진을 찍는 사람들을 많이 본다. 관광지든 어디든 주제별 멋진 사진을 찍을 수 있는 장소에 가면 사진 찍는 것을 전업으로 하는 작가도 만날 수 있고, 취미로 좋아서 찍는 사람도 볼 수 있다. 핸드폰이 일반화되면서 누구나 어디서든 찍고 싶은 것을 찍고 나만의 사진첩을 만들 수 있게 되었다.

나는 사진 찍는 것을 아주 좋아한다. 그러다 보니 고등학교를 졸업하고 사관학교에 들어가서 용돈을 모아 처음으로 미놀타 수동 카메라를 샀다. 필름을 끼우고 수동으로 피사체 초점을 맞추고 셔터를 누른 다음 필름을 돌리며 찍었다. 30장짜리 필름 한 통을 다 찍고 난 후 필름을 빼서 사진관에 가서 인화해 달라고 하면 며칠 뒤 사진을 찾으러 오라고 했다.

내가 찍은 사진들이 '어떻게 나왔을까.', '잘 나왔을까.' 설렘과 궁금증으로 빨리 보고 싶은 마음을 꾹꾹 눌러 참다가 약속된 날에 사진관에 갔다. 사진사께서 인화한 사진을 종이봉투에 담아주었고, 사진을 꺼내 한 장씩 넘겨보는 내내 가슴 떨림을 느껴야 했다. 인물 사진을 찍는 것보다는 풍경 사진을 찍는 것을 더 좋아했던 나는 근사한 풍경 사진 한 장이라도 마음에 들기를 바라는 마음으로 사진을 넘겼다. 멋진 한 장의 사진이라도 건지는 날엔 기분이 너무 좋고 뿌듯한 마음에 사진을 보고 또 보았다.

기술이 발달하면서 디지털카메라도 나왔고, 역시 그것도 샀다. 작고 가벼워 들고 다니기 좋았지만, 수동 카메라의 손맛을 느끼지는 못했다. 사진기를 들고 렌즈를 돌려가며 찍는 내 모습이 더 멋스러워 보였고, 허세도 한몫했다. 지금은 카메라를 들고 다니지 않는다. 예전에 샀던 카메라가 어디로 갔는지조차 기억에 없다. 그렇다고 사진 찍는 것까지 잊어버린 건 아니다. 대신 손안에 핸드폰이 쉴 새가 없다.

사진이라는 단어를 찾으면 한자로 '寫(베낄 사), 眞(참 진)'이다. 한자를 그대로 풀이하면 '참된 모습을 베낀다.'는 뜻으로 어떤 장면이나 사물, 사람의 외형을 있는 그대로 기록하여 남기는 행위를 말한다. 광학기기를 이용하여 빛을 감지하고 저장하는 방식으로 장면을 포착하고, 기술적으로 빛, 구도, 노출, 프레임 등의 요소를 조합하는 과정이다. 순간의 감정과 시간을 담아낼 수 있는 예술이기도 하고 기록이다.

기상청 예보로 지금까지 가장 더웠다는 기온 기록을 갱신하던 1994년 6월 딸아이가 태어났다. 쭈글쭈글한 주름이 가득한 아이의 얼굴, 젖살이 오른 얼굴, 자는 얼굴, 웃는 얼굴, 우는 얼굴 등 연신 사진을 찍었다. 혼자 앉기 힘든 아이를 쿠션에 기대 앉혀놓고 옆으로 기울어지는 모습도, 공주 같은 옷을 입히고 긴 머리를 땋아 올려 묶어놓은 모습도, 엉덩이를 쳐들고 기어다니는 모습도 담았다.

방학이 되면 아이의 큰어머니와 할머니 손에서 크던 아이를 집으로 데려왔다. 세 살이 되었고, 전화로 누군가와 이야기를 할 수 있다는 사실을 이해하던 시기였다. 전축 장 위에 전화기를 올려두었는데, 장위로 기어 올라가 반바지 밖으로 기저귀가 삐져나온 채로 쪼그려 앉아 수화기를 들고 뭐라 중얼거리는 모습을 찍었다.

그림을 그리고 전시회를 한다고 딸아이에게 알렸다. 딸아이는 바쁜 와중에 시간을 내어 전시장을 찾아 주었고, 그림 옆에 엄마를 세워 놓고 독사진을 찍어 주었다. 딸아이도 그림 옆에 세워 놓고 찍어 주었고, 전시장을 찾아 준 손님들께 부탁해서 함께 사진을 찍기도 했다. 딸아이는 내가 찍는 사진이 구도가 맞지 않는다고 마음에 안 드는지 타박하기도 하지만, 나는 아랑곳하지 않기로 했다. 전시장을 찾아 준 것도, 함께 사진을 찍어 주는 것만으로도 만족하기 때문이다.

엄마가 팔순을 넘기면서 집에 드나드는 사람들을 의심하기 시작했다. 사위도, 딸도, 요양보호사도 도둑으로 몰았다. 치매의 시작을 알리는 증상 중에 하나였다. 나는 엄마를 보살피기 위해 주말을 이용하여 엄마 집엘 갔고, 엄마랑 산책을 나갔다. 실버카를 끌고 다니며 천변을 구경하는 엄마 사진을 찍었다. 밤에 밖에 나가셨다가 남의 집 담장을 넘다 팔이 골절되어 병원에 입원하셨다. 방학 기간이라 병원에서 24시간을 지냈다. 엄마랑 아이스크림 가게에 가서 아이스크림을 먹는 모습을 찍었다. 자식과 함께 좋아하는 소프트아이스크림을 먹는 것 자체가 좋으셨던지, 엄마는 행복한 아이처럼 미소를 지으며 창밖을 바라보셨다. 엄마 병상에 머리를 나란히 하고 누워 셀카를 찍었다. 별것을 다 찍는다고 타박하셨다. 엄마랑 찍은 사진이 몇 장 없다. 엄마 사진보다 딸아이 사진이 훨씬 더 많다.

교직 생활을 하면서 여러 해 담임을 맡았다. 3월이면 새로운 아이들이 입학했고 그 아이들의 담임 교사가 되었다. 학교 일정에 따라 많은 행사가 준비되어 일 년 내내 진행되었다. 축제, 체육대회, 수학여행, 수련 활동, 학술제 등 다양한 활동들이 있었다. 학생들이 행사를 진행할 때마다, 내가 맡은 반 학생들의 활동을 따라다니며 사진을 찍어 주었다. 사진은 아이들에 대한 관심이고 사랑이었다.

학교 다닐 때 만난 친구들과 주기적으로 여행을 갔다. 매년 적어도 두 번 이상을 갔다. 강보에 싸인 아이를 데리고 야영을 하기도 하고, 민박집에서 자기도 하며 여행을 했다. 친구 집을 아지트 삼아 낮에는 돌아다니고, 밤에는 집으로 돌아와 자고 다니기도 했다. 남아 있는 것은 추억과 함께 사진이다. 지금은 아이들이 커서 함께하지 않는다. 친구들끼리만 간다. 친구가 하는 말 "지금이 가장 젊을 때야, 거기 서봐 한 장 찍자."라며 배경 좋은 곳에 세워두고 찍어 준다. 나이가 들면서 내 모습을 사진으로 남기는 것이 어딘지 썩 내키지 않지만, 친구 등쌀에 사진이 한 장씩 남긴 한다. 지금의 모습을 남겨주고 싶은 친구의 마음이 고맙다.

사진 찍는 것을 좋아하는 나는 세상의 모든 것을 찍는다. 사람보다는 자연이나 건물이 대상이다. 무엇을 찍을 것인가를 고민하지 않는다. 그날의 기분이나 마음 상태에 따라 끌림이 있는 대로 찍는다. 아침에 일어나면 거실 창문을 열고 화분을 놓아둔 베란다에 나간다. 새로 움트는 싹이며, 꽃봉오리며, 꽃이 지는 모습이며, 익어가는 열매 등 눈길이 가는 어떠한 것이든 상관이 없다.

비가 오는 날이다. 창문에 빗방울이 맺히고 흘러내린다. 동영상으로 담기도 하고, 일반 사진으로 담기도 한다. 우산을 쓰고 빗속

을 걸어가는 사람들, 밤에 자동차 불빛에 반사되는 물빛, 처마에
서 떨어지며 땅바닥에 작은 동그라미를 그리는 모습, 아스팔트를
세차게 때리는 빗방울 들, 바람결에 날리며 사선으로 내리는 비도
찍는다.

함박눈이 오는 날은 사진찍기 딱 좋은 날이다. 둥글둥글 가지치
기로 다듬어 놓은 향나무 위에 쌓인 눈, 소나무 가지마다 덮인 눈,
아무도 지나가지 않은 눈 위에 남긴 내 발자국, 양털 뭉치처럼 천
천히 내리는 눈송이, 하천 가운데에 있는 바위나 돌 위에 쌓인 눈,
차를 운전하며 가다가 흩날리는 눈, 눈으로 덮인 들판과 산, 너무
아름답지 않은가.

산책을 나가면 목적지를 돌아 언제 들어올지 모른다. 아파트 현
관문을 열고 밖으로 나가는 순간, 작고 여린 담쟁이넝쿨이 벽을
타고 오르고 있는데, 봄에 일찍 움트는 것들은 붉은색을 띠고 있
다. 화단에 언제 누가 심었는지 모르는데 달래가 보인다. 민들레
도 보이고, 제비꽃도 보인다. 잘린 나무 그루터기서 새순이 나오
는 것도 보이고, 주말농장에 심어 놓은 감자꽃도 보이고, 옥수수
수염도 보인다.

호수 옆에서 어린 새끼들에게 연신 자맥질을 하며 먹이를 잡아
주는 물닭 가족들도 보이니 그냥 지나칠 수가 없다. 물속에서 천
천히 움직이는 우렁이도 있다. 사랑을 나누는 실잠자리도 앉아 있

고, 꽃을 찾아 윙윙거리며 뒷다리에 노란 화분을 잔뜩 묻히고 있
는 벌도 이꽃 저꽃으로 옮겨 다니고 있다. 나비들도 날아다니며
꽃들과 좋은 시간을 보내고 있으니 발길이 더디기만 하다.

하늘은 내가 사진을 찍는 단골 소재다. 동이 트는 새벽 어스름
의 청자빛 도는 하늘, 솔나무 사이로 들어오는 새벽에 뜨는 달빛
을 카메라에 담는다. 해 뜨는 시각 바다 위로 뜨든, 산등성이를
타고 오르든 이글거리는 태양, 구름 사이를 들락거리며 깔때기
처럼 퍼지는 햇살, 나무 아래서 가지 사이를 비집고 들어오는 하
늘과 반짝이는 해, 서녘 하늘을 물들이는 노을 어느 하나 소홀히
할 수가 없다. 한여름의 소나기를 몰고 올 뭉글거리며 커지는 구
름, 새털처럼, 양털처럼 높이 떠 흘러가는 구름, 제트기가 날아
가며 닦아 놓은 하늘을 가로지르는 고속도로 같은 구름 또한 그
냥 둘 수가 없다. 달도 마찬가지다. 서서 보면 바빠지는 징크스
가 된 눈썹달도, 달무리 진 보름달도, 반달도, 블루문도, 지붕 위
에 걸린 달도, 나뭇가지에 앉아 있는 달도 내 눈길을 벗어날 수
가 없다.

사진은 마음을 담는 거울이라 나는 생각한다. 피사체, 즉 사진
속에 담는 대상은 나의 감정이 들어가 있는 것이다. 사랑하는 사
람, 어린 시절 추억, 회복 에너지가 들어 있는 것, 투영된 마음, 희
망 등 마음을 끄는 이야기를 담고 있어 나의 일부처럼 여겨진다.

사진은 내가 좋아하는 것, 흥미 있어 하는 것, 관심 있는 것도 잘 알려준다. 사진을 바라보며 나라는 사람이 어떤 사람인가를 탐색할 수 있고, 주관적인 나를 타자화할 수도 있다.

자연의 에너지를 채우는 여행

숨을 쉬어도 어딘가 답답함이 느껴져 심호흡을 해야만 했다. 잠을 잤는데도 개운하다는 생각이 들지 않았다. 오늘 해야 할 일을 책임감 있게 성실하게 모두 잘 해냈다고 내일 할 일이 없는 것도 아니었다. 갑작스럽게 발생하는 일은 과부하가 걸리며 압박감으로 나를 옥죄어 오기도 했다. 심할 때는 편두통으로 연결되어 완전 방전상태에 놓이는 적이 한두 번이 아니었다.

하루 종일 종종거리며 눈앞에 갑자기 떨어지는 일거리들을 처리하느라 녹초가 되어서 퇴근한 목요일 저녁이다. 점심을 좀 일찍 먹는 편이라, 퇴근하자마자 배가 고프니 빠른 속도로 저녁을 챙겨 먹는다. 설거지를 하고 샤워를 한다. 밤 열 시가 되어가는 시간이다. 여행 가방을 꺼내고 가방을 꾸린다. 세면도구, 여벌의 옷과 텀블러와 과일, 과도와 라면 등. 휴양관으로 2박 3일 혼행을 떠날 준비를 한다.

금요일 오후가 되면 5일 동안 쌓였던 긴장이 풀리면서 피로감이 몰려온다. 피로감이 절정에 달하는 때는 퇴근하기 두 시간 전이다. 금요일은 모두 소위 칼퇴근을 한다. 퇴근 시간이 되자마자 퇴근을 하는 것이다. 간밤에 꾸린 여행 가방을 미리 차에 실어 두었다가 같이 출근했고, 퇴근과 동시에 차를 몰고 여행길에 오른다. 저녁 시간과 맞물리니 빵집에 들러 예약해 놓은 야채빵과 소금빵, 치아바타, 대추차 한잔을 찾아 운전하며 저녁을 먹는다.

직장에서 멀어지며 고속도로나 자동차 전용도로에 접어들면 멀리 산이 보이고, 교통도 원활하며 백미러로 노을도 보인다. 라디오 주파수를 맞추고 음악 방송을 들으며 차도 마시고, 빵을 골라 먹으며 20분쯤 운전을 한다. 신기하게도 오후에 밀려오던 피로감이 자유함과 해방감으로 교체되는 시간으로 바뀐다. 기분 좋은 행복감이 점차 차오른다. 두 시간쯤 지나 휴게소에 들러 잠시 쉬기도 하고, 좋아하는 휴게소 간식을 사기도 한다.

여행지역을 선택하는 것은 설렘을 동반하는 기분 좋은 일이다. 자연 휴양림 휴양관을 이용할 수 있는 홈페이지 숲나들e를 통해서 숙박이 가능한 곳과 가고 싶은 지역이 일치하는 곳으로 골라 미리 예약한다. 휴양관은 산속이나 숲속, 전망 좋은 바다가 보이는 곳 등 다양한 곳에 전국적으로 150개가 넘는다. 우리나라는 전국토의 70% 정도가 산지로 이루어져 있는 지형이라, 자연 휴양림을 적절히 활용한 지속 가능한 개발 형태로 쉼의 공간 휴양관을 지어 운영한다. 운전하는 시간 3시간 이내 거리에 있는 곳으로 고른다.

늦은 저녁 휴양관에 체크인을 하고 짐을 푼다. 해가 긴 계절이고 가까운 곳이면 저녁 산책을 한다. 숲속으로 밤이 내리고 숲은 천천히 잘 준비를 한다. 나도 천천히 걸으며 깊고 긴 숨을 쉰다. 숲의 공기는 청량하며 향을 담고 있어 단맛이 난다. 바람이 나무 사이로, 잎새 사이로 흐르며 잎을 흔들고 사각거리는 소리도 내준다. 잎새들은 바람을 거부하지 않고 바람과 하나가 되어 가볍게 움직여 준다. 단풍이 들고 낙엽 지는 계절엔 흩날리는 낙엽들의 향연도 볼 수 있다.

그 속에 내가 있다. 나를 옥죄던 압박감, 피로감, 감정의 찌꺼기들을 모두 비워낸 나로 되는 것이다. 몸에 힘을 빼고 바람에 몸도 마음도 모두 맡긴 채 숲이 가진 순수의 에너지, 자연의 에너지로 채우는 시간이다. 아무 생각도 하지 않는다. 그저 긴 들숨과 멈춤, 긴 날숨을 반복하며 무심히 걷는다. 바람이 지나가는 것을 보고 계곡 물소리를 들으며 밤을 준비하느라 하나둘 줄어드는 새소리를 듣는다. 적당한 바위를 찾아 걸터앉아 하늘도 본다. 노을도 보고, 달도 보고, 별도 본다. 숲에 살고 있는 것 중 하나가 된다.

휴양관의 밤은 고요하고 길다. 나의 쉼을 방해하는 것은 아무것도 없다. 잠을 설칠 일도 없다. 일찌감치 잠자리에 든다. 잠자리에 누워 기도를 한다. 오늘을 잘 살 수 있게 오늘의 삶을 허락해 주신 신께 감사 기도를 드린다. 아주 깊고 긴 잠을 잔다. 산책하며 채운 자연의 에너지가 온몸으로 퍼지니 내 몸에 평안이 깃든다. 비워냄과 채움과 감사가 동시에 이루어진 날이다.

휴양관의 아침은 새소리와 함께 시작된다. 정해진 시간에 일어나서 분초를 다투며 출근 준비를 하는 긴박함은 없다. 창문을 열고 산 정상부터 아래로 내려오는 햇살을 따라 나의 시선도 움직인다. 산 그늘은 자꾸 줄어들고, 아이보리색 물감을 풀어놓은 듯한 따뜻한 공간이 산봉우리부터 산 아래로 내려오며 휴양림을 따라 퍼지는 것을 본다.

때로 운이 좋으면 휴양관의 아침을 비와 함께 맞이할 수도 있다. 각양각색의 연두가 흐르는 숲에 바람 없이 내리는 비는 그 무엇과도 바꿀 수 없는 선물이다. 스위스 작가 알랭 드 보통의 산문 『시골과 도시에 대하여』에서 촉촉한 지붕처럼 우리의 머리를 덮고 있는 4만 개의 떡갈나무 위로 떨어지는 빗방울이 만들어 내는 화음에 대하여 묘사한 부분을 연상케 한다. 크고 작은 잎에 떨어지며 부서지는 물방울들을 넋을 놓고 볼 수 있다. 진초록의 여름 비도, 단풍의 계절 가을비도 물기 젖은 색은 햇빛 담은 색보다 훨씬 더 곱고 선명하고 맑다.

휴양림 속의 쉼의 시간은 인간이 지닌 자연성, 즉 자연과의 조화 속에서 살아가려는 타고난 순수함을 찾아내 연결해 준다. 복잡하게 살기보다는 단순하고 순수한 삶을 살고 싶어 하는 것이다. 숲은 '피톤치드'라고 하는 물질을 통해 그동안 쌓아 놓았던 스트레스 호르몬을 낮추어 준다. 긴장감을 해소할 수 있고, 안정감을 느끼게 하며, 긍정의 에너지로 새로운 일상을 살아갈 수 있는 힘을 준다. 자연성을 회복한 사람은 지나친 경쟁이나 욕망을 추구하기보다는 균형 잡힌 조화로운 삶을 지향하게 된다.

바다가 보고 싶을 때가 있다. 다행인 것은 내가 사는 곳에서 차로 한 시간 거리에 바다가 있다. 인간은 태생적으로 물에서 왔기 때문에 물은 깊은 향수를 자극하는 존재이다. 삼면이 바다인 나라에 산다는 것은 그런 의미에서 축복이다. 서해, 동해, 남해가 다 다르기에, 지금 내가 어떤 바다를 가고 싶은가에 따라 선택만 하면 되는 곳에 살고 있다. 나는 동해보다는 서해를 더 좋아한다. 2박 3일이 아니더라도 바다를 보고 싶을 때, 언제든 갈 수 있는 곳이라 내가 누릴 수 있는 호사 중에 하나다.

바다는 숲과 다른 에너지를 가지고 있다. 숲이 지닌 생명력은 우리 눈으로 확인할 수 있는 형태이다. 반면에 바다의 생명력은 더 많은 상상력이 필요하고, 깊고 광활함은 무한에 가깝다. 눈에 잘 띄지 않는 작은 생명체를 비롯하여 집채만 한 고래까지 품고 있는 생명 그 자체이고, 순환의 중심에 있다. 인간이 살아갈 수 있는, 생존을 보장할 수 있는 근원적인 힘을 지니고 있다. 바다를 보면 바다의 에너지가 내게로 온다.

외로움이 커지거나 우울감이 커지면 나는 바다를 보러 간다. 동해가 거대한 산처럼 밀려오는 에너지라면, 서해는 호수를 지나는 바람처럼 다가온다. 감히 이룰 수 없을 것 같은 도전을 앞두고 있다면, 크게 낙담하거나 절망 가운데 있다면 동해를 보러 가기를 권한다. 잔잔한 위로가 필요하거나 흩어진 마음을 정리하고 싶다면 서해를 추천한다.

서해 바닷가에는 이야기가 많다. 조차가 커서 하루 두 번씩 바닷물이 들어오고 나가는 것을 볼 수 있어서 좋다. 밀물과 썰물은 물이 흐르는 대로 유연하게 삶을 살아도 좋다고 말해 주는 것 같다. 수평선이 잘 보이지 않을 정도로 끝도 없이 갯벌이 펼쳐져 있고, 갯벌은 물이 빠지고 나면 참았던 숨을 쉬느라 바쁘다. 뽀글거리는 구멍에서 작은 물줄기가 튕겨 나오기도 하고, 소라껍질을 뒤집어 쓴 게가 언제 나갈까 눈치를 보기도 한다. 물 빠진 진흙탕 속에서 치열하게 움직이는 조그마한 생명들이 내게 살아갈 이유를 몸소 보여주고 있는 것 같다.

많은 사람들이 일출을 보기 위해 산을 오르거나 동해 바다를 간다. 붉고 강렬한 빛을 발하며 떠오르는 해를 보면서 힘을, 새 희망을 얻고 열정의 삶을 살기 위한 다짐을 한다. 나는 일출보다 석양을 더 좋아한다. 일출이 하루를 잘 살아야 한다는 각오를 다져야 하는 시각이라면, 석양은 하루를 잘 살았다고 정리하며 쉼을 가질 수 있기 때문이다. 서녘 하늘을 물들이는 태양은 나에게 평온함의 에너지를 준다.

인간으로 태어나는 그 순간부터 삶을 다하는 날까지 나를 온전하게 지키며 산다는 것은 어려운 과정이다. 성경 구절에 ‘날마다 자기 십자가를 지고’라는 구절이 나온다. 자기 십자가는 나의 삶의 여정 속에 내가 감당해야 할 책임, 고난, 희생, 사명 등을 의미한다. 그만큼 삶의 무게가 크다는 것이다. 힘듦, 어려움, 고통, 무거운 책임감 등 나를 옥죄는 것을 내려놓고 외로움, 슬픔, 분노 등 부정의 마음을 비워내고 순수의 에너지, 긍정의 에너지, 평안함의 에너지로 채워야만 내가 원하는 신념의 삶을 살 수 있다. 자연은 내가 원하는 에너지를 완전한 형태로 가지고 있다가 대가 없이 고스란히 내어주는 소중하고 귀한 우리 모두의 자산이다.

그림은 노후를 함께할 친구

"퇴임하고 뭐 하면서 지내요?" 내가 퇴임한 것을 알고 있는 사람들을 만나면 받는 질문이다. 궁금해서 묻는 말이기도 하고, 의례적인 인사말에 가깝기도 하다. 퇴임하기 십여 년 전부터 무엇을 하며 인생 3막을 살 것인가에 대한 고민을 깊이 있게 했다. 무료하지 않게, 지루하지 않게 일상을 살기 위해 어떻게 해야 하는가는 퇴임을 앞에 두고 있는 모든 사람들의 과제라고 생각한다.

나이가 들어도 무리하지 않으면서 즐길 수 있는 것, 함께할 수 있는 것 중에 흥미가 높고 관심이 많은 하나를 골랐다. 그림을 그리는 것. 교사들의 힐링 프로그램으로 복지센터에서 운영하는 강좌를 신청하려고 홈페이지에 들어갔는데 그림 관련 강좌는 모두 신청 가능 인원수가 차서 마감되었고, 남은 것이 민화 하나밖에 없었다. 그동안 민화가 무엇인지 모르고 살았는데 그림의 한 분야이니 아쉬운 대로 수강을 신청했고, 매주 한 번씩 퇴근길에 들러 민화를 배웠다.

민화는 지금까지 알고 있던 그림 방식하고 확연히 다르다는 것이 놀랍고 신기했다. 지금까지 알고 있던 그림 방식은 종이 위에 직접 스케치하고 여러 가지 색을 섞어 그리는 것이다. 하지만 민화는 밑그림을 그리고 본을 뜬 다음 다시 화선지에 복사하듯 형태를 만들고, 먹선을 그리고, 호분을 입히고 바림한다. 호분은 흰색 한국화 물감이고, 바림은 일종의 그라데이션이다. 수채화 물감과 달리 아교를 섞은 한국화 물감으로 바림하기를 갓 태어난 아기가 성장해 가듯 아주 조금씩 짧게 세밀하게 한다. 연한 색부터 수도 없이 색을 쌓아 색을 완성하고 그림을 완성해 간다. 빨리하려고 서두르다 보면 발색이 예쁘지 않다.

민화는 기원을 위한 그림이라고 한다. 사람이 살아가면서 원하는 것들, 부귀영화, 장수, 건강, 다산, 부부 화합 등 여러 의미가 들어있다고 한다. 그림의 소재로 우리 주변에서 흔히 볼 수 있는, 우리의 일상과 함께하는 것들인 꽃, 곤충, 새, 나무, 돌, 책, 풍경 등 순수하고 소박한 민족의 정서가 담긴 것들이다. 출세를 의미한다는 맨드라미를 그리면서 나의 자녀가 좀 더 좋은 지위를 가지기를, 호랑이를 그릴 때는 나쁜 기운들로부터 나와 가정을 지켜주기를 소망한다. 꽃에 날아들고 있는 나비를 바림하며 사는 날까지 건강하기를 바라며 민화를 그린다.

민화를 그리다 보면 종종 수강생들 사이에서 틀렸다, 번졌다고 여기저기서 한탄하는 소리가 들린다. 그러면 지도하시는 최명수 선생님이 언제나 하시는 말씀이 있다.

수업 중 음식에 소금 간을 치듯 하시는 선생님의 말씀에 어느덧 편안한 마음으로 그림을 그릴 수 있게 된다. 지금은 선생님께서 하시는 말씀들이 주문처럼 여겨지며 '예쁘다, 예쁘다.' 혼잣말을 하기도 한다. 무심한 듯한 말들이 내 몸속에, 마음속에 깊이 들어와 나를 잔잔한 평화로 이끌어 주고 있다. 심지어 내가 가르치고 있는 학생들에게 자신을 위한 긍정의 기운을 가져다줄 수 있는 주문을 만들어 보라고 권하기까지 했다.

아교를 먹인 한지를 여러 겹 배접한 판에 색을 처음 입힐 때, 종이가 물감을 빨아들이며 발색하는 것을 보는 것은 가슴 설레는 일이다. 작품 하나가 완성되면 정성을 쏟고 오랜 시간을 들이며 잘 못될까 조바심 내던 순간들에 대한 보상을 받는다고 생각한다. 산 통을 겪으며 낳은 나의 아이가 엄마를 알아보고 미소를 지으며 다 가올 때 느끼는 행복감과 같다.

그림을 그리다 보면 잘 그리고 싶은 마음, 빨리 작품을 끝내고 싶은 마음이 들며 조급해진다. 금방 실력이 늘어서 수준 높은 그 림을 그렸으면 좋겠다는 마음에 빠른 속도로 색을 칠하기도 하고, 많은 시간을 할애하며 그림에 매달려 있기도 한다. 지도하시는 선 생님이 수강생들 그림에 바림하는 방법을 직접 색을 칠하면서 가 르쳐 주시는데, 바림이 매끄럽게 되지 않을 때는 밑 작업이 잘 안 됐다고 하신다. 나는 꼼꼼히 한다고 했는데 빈틈이 많이 생겨 바 림하는 동안 색이 자연스럽게 붓을 따라오지 않는다. 짧게 채색하 지 않고 길게 색을 칠하면 마르고 나서 빗자루로 쓸어놓은 듯한 모습이 되어 색이 고르지 않다. 종이에 단순히 색을 칠하는 것이 아니라 염색하듯 하라는 말씀이 습이 되어 익숙하기까지 꽤 오랜 시간이 걸린다.

민화를 그리며 시간을 함께하는 수강생들과 제법 친숙한 인사 말을 건네게 되었고, 안부를 묻기까지 하며, 간식을 가져와 먹으 며 잠깐씩 정담을 나누기도 한다. 결석하는 사람이 생기면 무슨 일이 생겼는지 궁금하고, 혹여 큰일이 생긴 건 아닌지 걱정도 된다. 가끔은 다 같이 모여서 식사도 하고 차도 마시면서 일상을 공유하기도 한다. 그림이 매개체가 되어 편안하게 식사하자고 할 만큼 친구 같은 사이가 되었다.

지도하시는 선생님이 작은 갤러리를 운영하시는데, 그림을 더 이상 그리기 힘들어지면 동호회 회원들과 갤러리에 모여 바닥에 이불을 깔고 발을 집어넣고 담소를 나누는 꿈을 꾸신다. 따뜻한 마음 쓰심과 아낌없이 주는 나무처럼 당신이 알고 계시는 모든 방법을 가르쳐주시기 위해 성심을 다하신다. 좋은 선생님을 만났고, 좋아하는 것을 함께할 친구들이 생겼고, 붓을 들 힘만 있으면 병상에 앉아서도 할 수 있는 그림 친구도 생겼다. 사람과 사람을 이어주는 부담 없는 인연의 시작점과 끝 지점에 그림이 있다.

휴양관에 여행을 가면 나는 가끔 그림 도구를 챙겨간다. 하루는 자연의 에너지로 채우고, 하루는 그림을 그리기도 한다. 방바닥에 화구들을 있는 대로 늘어놓고 낮은 교자상이나 식탁에서 외출도 하지 않고 그림을 그리는 오로지 나만을 위한 시간을 가질 수도 있다. 좋아하는 일, 하고 싶은 일을 마음껏 할 수 있다는 것은 충만한 행복감을 준다. 인연이 닿은 사람들이 모여 시끌벅적하게 떠들며 민화를 그려도 좋고, 고요한 나만의 장소에서 민화의 의미들을 생각하며 그림에 몰입하는 시간을 가져도 좋다. 이렇듯 민화는 일상을 특별하게 해주고 버팀목이 되는 힐링이다.

지도 선생님께서는 다작해야 한다거나 대작을 하라고 하지 않는다. 실력도 안 되는데 다작을 해 봤자 다 처분해야 하니 쓰레기가 될 뿐이다. 대작을 하면 집에 걸어놓을 때도 없고, 침상 밑에 들어가 있거나 창고 구석에 들어가 나오지도 못한다고 하신다. 돈을 주고 그림을 살 사람이 줄을 서 있는 것도 아니니 작은 작품 하나 예쁘게 그리라고 하신다. 어떠한 마음가짐으로 그림을 대해야 하는지 방향 제시를 잘해주신다.

무엇이든 좋기만 한 것은 아니다. 작품 하나를 끝내고 나면 다음 작품을 시작하는 것이 너무 어렵다. 민화는 평범한 사람들이 그렸던 것이니 전통 방식을 익혀서 현대적으로 해석해서 자신만의 작품을 구상해 보라고 하신다. 지금 내 실력으로 그릴 수 있는 것이 있고, 그릴 수 없는 것이 있으니 무턱대고 그리고 싶은 것을 그릴 수도 없다. 무엇을 그려야 할지 소재를 선택하는 것도, 전 그림보다 향상된 실력을 발휘하는 것도 쉽지 않다. 가끔 너무 어렵고 힘들기도 하니 그만두고 싶기도 하고, 실력도 잘 안 늘기에 나는 재능이 없는 것 같다는 실망감이 몰려오기도 한다. 단지 흥미만 가지고, 관심만 가지고 시작하고, 지나친 욕심으로 빠른 성과를 얻으려고 하면 그림 친구는 끝까지 같이 갈 수가 없다.

그림 딜러 오정엽 선생님은 말씀하신다. "그림은 아무나 그리면 안 된다. 경제적으로 힘들어 먹고 사는 것이 해결 안 되는 사람은 절대로 그림을 그리면 안 된다."라고 하신다. 그림은 우주의 에너지를 색으로 표현하는 것이기에 그림을 감상하는 사람에게 위로가 되고 감동을 주고 에너지를 전달해 줄 수 있어야 한다고 하신다. 그 말씀을 들으면서 그림을 대하는 나의 마음가짐을 새롭게 하게 되었다.

처음 딸아이가 독립할 때, 가슴에 구멍이 숭숭 뚫리는 느낌이 많이 들었다. 매일 보고 싶었지만 볼 수도 없고, 눈을 바라보고 이야기도 하고 싶었고, 머리도 손도 쓰다듬어 보고 싶었지만 그럴수 없어 외롭기도 하고 슬프기도 하면서 아쉬움이 많았다. 엄마의 감정이 이러하니 엄마에게 관심을 가졌으면 좋겠다고 딸아이에게 징징거렸다. 징징거리는 엄마가 부담스러웠는지 의도적으로 엄마를 멀리한다는 느낌이 들었고, 나도 그 시절엔 나 사느라 바빠서 엄마를 돌아볼 겨를이 없었다는데 생각이 미쳤다. 나는 나로서 잘살아야겠다고 다짐했고, 그렇게 살고 있다. 딸아이는 엄마가 그림도 그리며 퇴임 후의 일상을 짜임새 있게 보내는 것을 보면서 안심이 되는 모양이다.

누구나 퇴임 후의 삶을 어떻게 살 것인가에 대한 생각이 많을 것이다. 자신의 내면을 잘 들여다보고 좋아하는 것, 하고 싶은 것을 찾아서 시간을 할애하고 정성을 들였으면 좋겠다. 퇴임이라고 하는 것은 내가 원하든 원하지 않든 해야만 하는 것이기에, 사회적 죽음이라고 표현하기도 한다. 일로서 연결되었던 관계가 더 이상 작동하지 않게 된 것이다. 사회적 단절로 일상생활 범위가 좁아지며 자신에 대한 가치 상실과 위축감을 크게 느낄 수 있다. 그림을 그린다는 것은 내가 나로서 살기 위해 늘 곁에 둘 수 있고, 언제든 불러올 수 있는 노후를 함께할 친구이자, 새로운 인연을 만드는 연결고리가 되어 준다.

나만의 힐링 캠퍼스 만들기

우연히 TV 채널을 돌리다가 Mnet의 오디션 음악 프로그램 〈슈퍼스타K 시즌3〉를 보게 되었다. 기존에 알려진 가수들이 부르는 노래보다, 새로운 얼굴의 가수들이 개성 있는 음색으로 감동을 주는 노래를 부르는 것이 신선한 즐거움을 주었다. 시즌3 출연자 중에 버스커버스커라는 팀이 있었다. 기타 치는 싱어 장범준, 드럼 치는 브래드, 베이스 치는 김형태 3인으로 구성된 감성 밴드팀이었다. 처음 보자마자 팬이 되었다.

자유자재로 리듬을 다스리며 무아지경에 빠져 드럼을 치는 브래드의 모습에 빨려 들어가는 느낌이 들었다. 멋들어지게 드럼을 쳐보고 싶은 강렬한 욕망을 주체할 수가 없었다. 서양에서 중산층을 나누는 기준으로 '경제적 중산층'과 '문화적 중산층'으로 구분하기도 하는데, 악기를 하나 정도 다룰 수 있는가도 기준이 된다.

악기에 관심이 있었기에, 기타도 쳐보고 피아노도 배워 봤지만 맛보기만 하다가 끝나기 일쑤였다.

몇 날 며칠을 고민하다가 드럼을 배워야겠다고 용기를 내어 마음을 단단히 먹고, 집 주변에서 배울 수 있는 음악학원을 알아보러 다녔다. 마침 10분 정도 거리에 드럼을 배울 수 있는 곳을 찾아냈고 바로 등록했다. 북 치는 스틱을 두 개 샀고, 매시간 배워야 하는 악보는 선생님이 준비해 주셨다. 양손과 양발과 드럼 본체, 심벌즈 등으로 여러 악기를 동시에 리듬감 있게 다룰 수 있어야 한다는 기초 수업을 들었다.

첫 수업을 들으며 배우고 싶다는 의욕만으로 잘할 수 있는 것이 아니라는 생각이 들었다. 섣불리 달려들었다가 자신감만 떨어지는 것은 아닌가 하는 자기 의심도 생겼다. 박자 감각이 있어야 하고, 악기가 가지고 있는 특성에 맞는 감성을 살릴 수 있어야 하며, 잘게 쪼갠 박자에 대한 리듬감과 사지가 순발력 있게 움직여야 연주가 가능한 악기였다. 첫날부터 암담하기 짝이 없었다.

일주일에 한 번 정해진 시간에 수업을 들어야 하고, 연습은 자유롭게 할 수 있어서 종종 연습하러 갔다. 모든 것은 꾸준함과 반복으로 결과가 좌우된다는 것을 알기에, 재능이 없어도 시키는 대로만 하면 평균값은 할 수 있다는 신념이 있었기에, 수업과 연습을 게을리하지 않았다. 쉬운 리듬으로 된 가요 하나쯤은 칠 수 있겠지 하는 기대를 품고 연습했다. 4박자 기본 리듬을 익히고, 8비트 리듬도 익히고 나서 처음으로 배운 노래가 〈시크릿 가든〉 OST로 현빈이 부른 '그 남자'였다.

중학교 음악 선생님에게 가창 시험 시간에 "너는 어째 반 박자 쉬고 노래를 부르냐."라는 핀잔을 들은 후부터 나는 노래를 잘 못하는 사람이라는 자기 속단으로 음악에 대한 자신감 없이 살았다. 그날 이후로 노래를 부르는 것은 물론, 악기를 다루는 일조차도 두려움을 가지고 살았다. 회식 자리에 가서 노래를 부르라고 하면 등줄기에 땀부터 났다. 드럼을 배우면서도 반 박자 쉬고 들어가는 리듬은 어찌나 어렵던지, 첫 곡을 연습하며 그만둘까 하는 생각도 수없이 들었다.

드럼 교습 선생님의 "한 박자를 칠 수 있으면 박치가 아니에요."라는 말씀이 많은 위로가 되었다. 나는 돈을 투자하면 돈이 아깝다는 생각이 있어 성실하게 배우는 사람이다. 꾸준한 연습으로 조금씩 리듬감이 생겼으며, '그 남자' MR에 맞춰 몸을 흔들어 가며 연주할 수 있게 되었다. 점점 더 재미를 맛보는 시간이 늘어났고, 수업하고 연습하는 시간을 즐기게 되었다. 5년 동안 드럼을 배우러 다녔다. 16 비트도 어느 정도 칠 수 있게 되었고, 드럼을 구성하는 모든 악기를 칠 수 있게 되었다. 한창 재미를 붙여가던 중 가르치던 선생님이 음악학원을 떠나게 되면서 나의 드럼 배우는 취미 생활도 아쉬움을 남긴 채 정리가 되었다. 아는 만큼 보이고 아는 만큼 들린다고 음악을 들으면 드럼 연주 부분이 잘 들리고, 어느 순간 리듬에 맞춰서 내 몸을 흔들고 있다.

새로운 것을 배운다는 것은 두려움을 동반한다. 익숙한 환경에서 벗어나 낯선 사람을 만나야 하고, 모르는 분야에 도전해야 한다. 하고는 싶은데 잘할 수 있을까 걱정이 앞선다. 두려움과 두근거림은 잘못된 것이 아니라 무엇인가를 진심으로 원하고 있다는 증거이다. 용기는 두려움이 사라진 뒤에 오는 것이 아니고, 작은 한 걸음과 함께 오는 것이다. 시작을 위한 완벽한 준비는 없다. 새로운 것을 배우려고 할 때, 잘못된 부분에 대한 코칭은 성장을 위한 과정이라고 생각해야 한다. 지적하는 것이고 잔소리하는 것이라 여기면 배울 수가 없다. 배우는 과정에서 잘못하고 있다는 피드백을 받게 되면 자존심이 상한다고 생각하고 그만두는 경우가 종종 있다. 재능도 없고 능력도 없어서 잘할 수 없다고 생각하며 지레 포기하기도 한다. 새로운 것을 배우기 위해 반드시 극복해야 하는 부분이다.

배움은 단순히 지식을 쌓는 것이 아니라 나의 삶을 풍요롭게 해주는 원천이 된다. 직장과 집을 왔다갔다하는 생활보다는 훨씬 더 다채로운 경험을 할 수 있다. 다양한 경험을 하다 보니 사람들과 만나서 이야기할 거리도 많아진다. 잘 모르던 분야에 대한 전문적인 지식도 쌓이고 견문도 넓어지게 된다. 퍼즐 조각을 맞출 때 느껴지는 희열처럼, 배움의 순간은 머리와 마음을 동시에 환하게 밝혀주는 등불 같은 느낌을 받는다.

직장생활을 하면서 알게 모르게 많은 스트레스가 쌓인다. 가정을 꾸려 나가는 일도 무한 책임감과 의무감으로 유지되기 때문에 스트레스로부터 자유로울 수 없다. 스트레스 강도가 높은 수준에서 지속되면 질병으로 연결된다는 것을 잘 알고 있을 것이다. 나를 위한 배움의 시간, 일상생활과 직장이라는 환경을 벗어나서 옹골차게 나만을 위한 시간은 스트레스를 줄여 준다. 작은 성공이 쌓이고 자신감이 생기면서 배움이 내 것이 되었을 때 느끼는 성취감과 만족감은 무엇과도 바꿀 수 없으며, 다른 도전을 위한 원동력이 된다.

배움은 새로운 사람들을 만나면서 인간관계의 폭도 넓어지게 한다. 이해관계가 개입되지 않은 관계는 자연스럽고 순수한 마음으로 연결되는 사이라 편안함을 준다. 또한 같은 공간에서 같은 내용을 배우고 생각과 느낌을 공유하며 서로 성장할 수 있고, 마음도 풍요롭게 해주며, 삶의 형태를 다채롭게 해준다.

사회생활을 시작한 순간부터 나는 흥미가 있는 것을 배우러 다녔다. 직장생활에만 충실한 나는 상상하기 어렵다. 하고 싶은 것, 궁금한 것은 해보는 것이 답이라는 생각을 했다. 몸을 움직이며 격한 활동을 하는 스포츠보다는 조용한 가운데 이루어지는 창의적 활동을 좋아하는 성향이었다. 꽃을 좋아하니 꽃꽂이를 배웠고 한지공예, 아트플라워, 지점토 등 색을 조화시키는 일, 손을 이용하여 만드는 활동들을 주로 했다.

퇴임 후에 기회가 된다면 다문화 가정 아이들의 한국어 지도를 할 수도 있겠다 싶어서 수원에서 서울까지 다니며 한국어 지도자 과정을 수료했다. 담임을 하면서 심리적, 정신적 어려움을 겪는 학생들이 많아서 방학 중 대학에서 실시하는 상담 연수, 감정 코칭 과정 연수를 들었다. 시간과 비용을 들여가며 다양한 배움을 위해 많은 노력을 했다. 어떤 해는 연수 시간이 160시간을 넘기도 했다.

경험의 폭이 넓다 보니 다른 사람의 특성을 바라다보는 시각이 달라지며 편견이나 선입견에서 비롯되는 판단의 오류가 줄어들었다. 또한 나의 내면을 들여다보는 성찰의 시간이 되었다. 내 마음의 흐름을 보면서 다른 사람의 감정을 공감하고 충분히 경청할 수 있게 되었다.

경제적으로 독립이 된 순간부터 나만의 캠퍼스, 나라는 학생 하나만을 위한 교육기관을 설립해 보는 것은 어떨까. 1년, 2년만 다니고 끝내는 캠퍼스가 아닌, 평생 다닐 곳. 내가 관심 있는 것, 흥미를 느끼는 것, 좋아하는 것, 배우고 싶은 것 중심으로 나만의 교육과정을 짜는 것이다. 함께 할 수 있는 가족이나 친구, 지인이 있다면 더 좋겠지만 혼자서도 잘 다닐 수 있는 캠퍼스여야 한다.

일주일에 한 시간씩 16시간을 배우면 1학점을 이수한 것이고, 학점 이수에 대한 자격 또한 인정된다. 배울 수 있는 순간까지 배우겠다고 생각하고 장기 플랜을 짜는 것이다. 배워 보고 재미가 없다 싶으면 다른 과목으로 바꾸면 된다. 배워서 전문가 수준이 되어도 좋고, 전문가가 아니더라도 배우는 그 순간이 행복하고 즐거우면 족하다. 비용이 부담되면 계속 배우기 어려우니 가성비 좋은 지역사회에서 운영하는 프로그램들을 찾아보는 것도 좋다.

하고 싶은 것이 있는가? 하고 싶은데 용기가 없고 두려움이 앞서는가? 시작은 용기를 부르고 두려움을 없애주는 가장 좋은 방법이다. '잘할 수 있을까.'라는 생각은 행동으로 실천한 뒤에 하는 것이다. 처음 한 번이 가장 어렵고, 두 번째는 첫 번째보다 더 쉽고, 세 번쯤 하면 할만하다는 생각이 든다. 주저하고 망설이며 자기 의심만 하지 말고 문을 두드리고 열고 도전하고 직접 해보는 거다. 나만의 힐링 캠퍼스를 만들어 내가 성장하고 발전하면서 나의 삶을 사는 것이다.

05

타인과 진정으로 소통하는 길

01 ······

때로는 따뜻하게, 때로는 냉철하게

초등학교에서 보건 교사를 하고 있는 친구가 있다. 보건 교사를 하다 보면 몸이 불편한 아이들이 보건실에 찾아온다. 단순하게 다쳐서 오는 아이들이 있는가 하면, 심리적 정신적으로 불안하거나 우울한 아이들 등 다양한 이유로 보건실을 찾는다. 보건 활동이라고 해서 보건 교사가 독단적으로 할 수 있는 활동은 아니다. 학생의 건강한 생활을 위하여 항상 담임 교사와 상호 협력을 통한 소통이 이루어져야 한다.

친구가 근무하는 학교 보건실에 자주 방문하는 저학년 남자아이가 하나 있었다. 가정환경이 열악하여 지원을 받으며 살고 있는 학생이었다고 한다. 학생의 환경이 열악하다 보니 선생님들이나 학생을 지도하는 상황에 있는 어른들이 아이를 불쌍하게 여기고 잘해주려고 했던 모양이다. 친구 역시 학생의 상황을 알고 보건실에 준비해 놓은 간식 등 먹고 싶은 것이 있으면 언제든지 와서 먹어도 좋다고 했다고 한다.

어느 날 보건실을 비울 일이 있어 일을 처리하고 돌아왔는데 보건실이 엉망이 되어 있었다고 한다. 정황을 살피고 상황을 파악해 본 결과, 자주 오던 아이가 보건실에 들어와 침대를 마구 밟으며 돌아다니고, 간식거리들을 찾아 먹고 엉망진창으로 해놓았다고 한다. 어릴 때부터 호의를 계속 받다 보니 권리인 줄 알게 되었고, 권리를 넘어 방종의 단계까지 간 것이다. 사람들이 자신을 안쓰럽게 여긴다는 것을 알고 상황을 영악하게 이용하는 단계가 되어 있었다.

친구는 자신이 베푼 친절과 호의가 엉뚱한 결과를 가져왔다는 것에 대해 매우 실망했다. 친절과 호의를 함부로 베풀면 안 되겠다는 것을 깨달았다고 한다. 그 경험을 하고 난 뒤부터 어린아이라고 마냥 순수한 것이 아니라는 것을 알게 되었다고 한다. 자신이 순수하다고 해서 다른 사람도 그것을 순수한 마음으로 받아들이는 것이 아니라는 것을 뼈저리게 느꼈다며 자신이 한 행동이 과잉 친절임을 인정했다. 마음에 상처도 받은 모양이었다.

고등학생은 중학교에 다니면서 대부분 사춘기를 경험하고, 초등학생보다는 어른에 가까운 나이 17세가 되어 입학하게 된다. 인문계 고등학교로 입학하는 학생들은 상급학교에 진학하는 것이 일차적인 목표가 된다. 학교생활을 비롯하여 학생으로서 하는 활동들이 생활기록부에 기재가 되고, 그것이 입시에 미치는 영향이 매우 크다. 생활기록부에 어떠한 내용이 기록되는가에 따라 원하는 대학에 합격하느냐 불합격하느냐가 좌우지되기 때문에, 기록 내용에 매우 민감하다.

고등학교 교육과정 중에 학급 임원이나 학생회 임원을 하게 되면 생활기록부 내용이 좀 더 풍부해질 수 있다. 그러한 이유로 서로 임원을 하겠다고 욕심을 내기도 한다. 어떤 때는 학급 회장을 하겠다고 25명 중 7명이 입후보로 나서는 경우가 있다. 특히 학기 초에 임원 선출을 하는데, 당선되면 피자를 사겠다고 한다거나, 학급을 위하여 지속적으로 필요한 물품을 제공하겠다고 하는 후보자가 당선되는 경우가 있다. 때로는 유창하게 말을 잘하거나, 유머 감각이 있거나 인상이 좋은 친구가 되기도 한다.

임원 선출을 위한 투표를 통해 학급 회장과 부회장이 결정되면 한 학기나 1년 동안 학급 대표로서 활동을 하게 된다. 학급 회장은 학생회에 당연직으로 임원이 되어 학생회 활동을 해야 하고, 학급 리더로서 급우들과 담임의 가교역할도 해야 한다. 학급 단위로 행해지는 학교 활동을 주도적으로 이끌어야 하고, 교과 선생님들이 학급 단위로 해야 하는 활동을 지시하기도 한다. 중학교 학급 회장하고는 차원이 다른 책임과 역할을 해내야 한다.

학급 회장이 되겠다고 자원하고 후보 연설을 멋지게 해서 당선되는 것과 실질적으로 회장 역할을 수행하는 것은 차원이 다르다. 급우들의 특성과 주장, 의견이 다 다르기 때문에 의견 수렴 과정을 거쳐 하나의 의견으로 통합하는 것이 여간 어려운 일이 아니다. 회장으로서 권위가 있다고는 하지만, 리더십이 부족한 아이들은 자신보다 소위 기가 세다고 하는 아이들에게 휘둘리며 제 역할을 하기 어렵다. 때로는 다수가 원하는 방향보다는 특정 학생의 주장대로 의사결정이 되는 일이 많다. 특히 긍정의 기운을 가진 아이들보다, 부정적인 기운을 가진 아이들이 많은 경우는 담임조차도 학생들을 통제하기 어려운 상황에 놓인다. 그러다 보면 힘에 겨워 울기도 해야 하고, 갈등을 겪으며 고통스러운 시간을 보내야 한다.

학급 회장의 역량에 따라 학급 분위기가 매우 달라지고, 학급을 운영하는 담임 교사도 많은 영향을 받는다. 회장이 솔선수범하고 다양한 의견을 잘 조율하며 편파적이지 않고, 담임에게도 급우들의 의견을 대변해 주며 화합하고 친화적이면 회장을 믿고 잘 협조해 준다. 반면에 회장이라는 직책에 욕심을 내어 직위만 차지하고 이기적으로 행동하고, 담임에게 하는 행동과 급우들 앞에서 하는 행동이 다르고 책임을 다하지 않으면 협조하지 않는다. 무책임하고 이기적인 회장이 선출되면 학급 분위기도 회장의 성향을 보이고, 담임도 학급을 운영하기가 매우 어려워진다.

교과 교사로서도 학급 구성원의 특성에 따라 수업 진행에 영향을 많이 받는다. 학생들은 학교 공부뿐만 아니라 많은 비용을 지불하고 학원에 다닌다. 학원에서 선수학습을 하고 학교 수업을 듣다 보니 학교 수업은 통과 의례처럼 여기는 경우가 발생한다. 학원에서 내주는 숙제를 할 시간이 없다 보니 교과 수업 중에 학원 숙제를 버젓이 올려놓고 하는 학생들이 있다. 그럴 때 교과 교사는 학생을 지도해야 할 것인가, 모른 척할 것인가 결정해야 하는 상황에 놓인다.

교과 교사로서 나의 방침은 '그 시간에 그거 하자.'를 모토로 교과를 지도했다. 교과목 교사가 수업을 진행하는데 다른 교과목 공부를 하려면 눈치도 봐야 하고, 현재 수업 내용을 제대로 들을 수 없으니 바람직한 태도라고 할 수가 없다. 학기 초에 학생들에게 오리엔테이션을 시키며 수업 시간에 충실하도록 했다. 그럼에도 불구하고 수업 중에 하지 말아야 할 행동을 계속하는 경우가 있었다.

"뭐 했니?"
"아무것도 안 했는데요."
"다른 교과목 공부하고 있었잖아."
"아닌데요."

무엇을 했는지 알고 하는 이야기인데도 학생은 능청스럽게 상황을 모면하기 위해 거짓말을 하기도 한다. 이런 학생을 만나는 날은 기분이 너무 나빠 학생을 야단치기 일쑤다. 결국은 학생의 행동을 증명하고 묻는다.

"잘했니, 잘못했니."

"잘못했는데요."

"잘못했으면 어떻게 해야 하지, 내가 아주 기분이 나쁘네."

"죄송합니다."

"또 그럴래?"

"아니요."

학생과 실랑이를 벌이고 나면 수업 진행을 더 이상 할 수 없다고 느낄 때가 있다. 그런 날은 일장 연설을 한다.

"내가 교사라는 직업을 가지고 학생들을 가르치는 일을 하고 있는 한 내가 끝까지 포기하고 싶지 않은 것이 있다. 교사로서 너희들을 사랑하는 것이다. 사랑에도 절댓값과 상댓값이 있다. 다른 학교 학생은 모르겠지만, 내가 근무하는 학교에 입학한 학생을 사랑하는 마음은 절댓값이다. 사랑한다고 해서 미운 행동을

학생을 가르치는 입장에 있는 교사들은 학생들을 대할 때 단호
함, 친절함, 냉철함, 공감 등 많은 역량이 요구된다. 마음이 불안
하고 우울한 학생들은 따뜻한 위로와 공감을 해줄 수 있어야 한
다. 반면에 반사회적 태도를 보이거나 비사회적 태도를 보이는 학
생들은 단호하고 냉철하게 대해야 한다. 우유부단한 태도나 수수
방관하는 태도는 가르치는 일에 종사하는 사람의 자세가 아니라
고 생각한다.

뼛속까지 착한 사람은 없다

직장 동료 중에 한 분이 "검은 머리 짐승은 거두는 것이 아니다."라고 할아버지께서 했다는 말을 가끔 했다. 할아버지는 오랜 삶의 경험을 통해 은혜를 입었음에도, 도리어 해를 끼치는 것을 보고 사람을 쉽게 믿지 말라는 주의를 자손들에게 주신 것이다. "물에 빠진 사람 구해놨더니 보따리 내놓으라 한다."도 마찬가지로, 선의로 다른 사람을 보살펴 주고 도움을 줬는데 오히려 도움을 받고 나서 도와준 사람을 곤란하게 만든다는 의미이다.

시골에 사는 어르신과 가까이 살며 어르신이 힘들 때, 알뜰살뜰 20년을 보살펴 온 사람이 있었다. 둘은 서로 의지하고 많은 것을 함께했으며, 속마음까지 모르는 것 없이 오랜 시간을 같은 공간에서 지냈다. 팥으로 메주를 쑨다 해도 믿을 수 있는 사람이라고 할 만큼 신뢰가 깊었다. 어느 날 어르신의 명의로 된 집이며, 현금이며, 몽땅 사기를 치고 사라져 버렸다. 그야말로 어르신은 길바닥에 나앉게 되었다. 자신의 의도를 숨긴 채 어렵고 외로운 사람에게 접근한 후 하지 말아야 하는 행동을 한 것이다.

돈만 벌면 다라는 생각으로 어떤 유튜버들은 거짓 뉴스를 퍼뜨려 조회 수를 올리며 돈을 벌고 있다. 물건을 만들어 파는 사람들은 원산지를 속여가며 이익을 더 많이 챙기려고 거짓 광고를 한다. 성분을 속이고 상품을 만들어 팔거나, 아예 가짜를 만들어 진짜인 양 판매를 하는 사람도 부지기수다. 적은 돈을 들이고 별반 노력이 없이도 큰돈을 벌 수 있다고 사람들을 현혹하는 경우도 종종 있다. 물질 만능주의에서 비롯된 비양심적인 현상이다.

어릴 때는 다른 사람 대소사에 다니는 것이 나의 일이 아니라고 생각했다. 사회생활을 시작하면서 직장 동료나 지인들의 대소사에 참석할 일이 많아졌다. 지인들의 대소사에 어디까지 참석해야 하는가, 부조금은 얼마를 내야 하는가에 대한 고민을 안 할 수가 없게 되었다. 머릿속에서 계산기를 마구 두드린다. 행사에 참석할 것인가 말 것인가, 부조는 할 것인가 하지 말 것인가, 한다면 얼마를 할 것인가 결정을 해야 한다.

직장에 취업하면 직장 내 친목회에 당연히 속하게 되고, 매달 회비를 낸다. 친목회는 회원들의 대소사를 위해 회비에서 일정액을 부조금으로 지급한다. 나는 취업하기 전에 결혼했고, 아버지는 어릴 때 돌아가셨으며, 어머니도 환갑을 훨씬 지난 연세였다. 시아버님도 안 계신 상태였다. 아이도 딸아이 하나였다. 부조는 품 앗이라고들 하는데 부조를 한 만큼 돌려받는다는 것은 조건 자체가 불가능했다. 어느 순간 계산기를 두드리고 있는 내 모습 자체가 내 맘에 안 든다는 생각이 들었다.

더 이상 부조를 할 것인가 하지 말 것인가 고민하지 않고 마음 가는 대로 하자고 다짐했다. 하고 싶으면 하는 것이고, 하고 싶지 않으면 안 하는 것이고, 식장에도 가고 싶으면 가는 거고, 가고 싶지 않으면 안 가는 거라고 마음먹었다. 돌려받을 수 있는가 없는가도 생각하지 않기로 했다. 부조하는 나의 마음을 더 가치 있게 여기자고 결정하자 마음이 편안해졌다. 이제는 친구 자녀가 둘이든 셋이든 되도록 참석하려고 하고, 부조하고 맛있는 밥 먹고, 친구들 얼굴 보며 즐거운 시간을 보내는 것에 더 큰 의미를 두고 산다.

교직에 있으면서 담임을 하게 되면 교우관계로 학급에서 문제가 많이 발생한다. 반 학생들이 학기 초에는 처음 만나는 사이라 서로가 조심하며 좋은 모습을 보이려고 노력한다. 3월에 학급 안에서 학생들끼리 어느 정도 그룹이 형성된다. 적게는 두 명부터 열 명이 넘는 경우가 있다. 한 달쯤 지나고 나면 함께 있는 시간이 많아지고 친밀도가 깊어지면서 서로의 특성들을 알게 된다. 그룹 인원이 많을 때는 그 속에서도 친숙한 정도가 조금씩 차이가 나며, 정서적으로 좀 더 가깝게 느끼는 친구와 더 많은 시간을 보내고 이야기도 더 자주 하게 된다.

4월경이 되면 학생들의 행동이 자유로워지면서 하나하나의 개성이 살아나고 편안하게 행동한다. 3월의 조심하던 분위기가 사라지고 예전에 습관적으로 하던 행동들을 자연스럽게 하면서 그룹 내에서 문제가 발생한다. 흔히 발생하는 문제가 그룹과 어울리다가 그룹 내에서 소그룹이 형성되고 그룹끼리 갈등이 생긴다. 그룹끼리 특정 누군가를 지칭하며 소위 뒷담화를 하는데 그 이야기가 본인에게 전달된다. 서로 언쟁을 벌이며 하지 말아야 할 말을 하고, 심지어는 몸싸움을 하며 학교폭력으로 확대된다. 때로는 그룹 내에서 어울리지 못하고 소외되는 학생이 생긴다. 흔히 '왕따' 문제가 발생한다.

학급에서 발생한 일이다 보니 상황을 파악해야 하는 일은 담임의 몫이다. 학생들을 불러놓고 상담하다 보면 상대가 얼마나 잘못했는지를 증명하려고 더 나쁜 친구로 몰아간다. 인간관계로 발생하는 문제의 내용을 들여다보면 나는 잘못이 없고 상대가 잘못했기 때문에, 상대방이 먼저 그랬기 때문에 내가 힘들어졌다는 인식을 하고 있다. 듣고 싶은 말만 듣고 하고 싶은 말만 한다. 기억의 오류들이 많아서 객관적으로 자초지종을 파악한다는 것은 매우 어렵다. 어떻게 이야기하는 것이 자신들에게 더 유리한지 각색도 하고, 거짓말도 보태고 과장까지 하며 머리들을 쓴다. 고등학생들이니 훨씬 더 지능적이다.

"거짓말이 탄로 나면 내가 한 거짓말이든, 남이 한 것이든 거지 같잖아."

〈미지의 서울〉이라는 드라마에서 김로사 역으로 나온 원미경의 대사다. 학생들을 지도하면서 거짓말을 하는 학생들을 수도 없이 봐왔다. 오랫동안 많은 학생을 만나다 보니 한마디만 들어도 거짓말을 하는지를 알게 되는 경우가 있다. 그럴 때마다 내가 하는 말이 있다.

"거짓말하지 마라. 거짓말을 하면 그 말을 합리화시키기 위해 두 번 세 번 더 거짓말을 해야 한다. 그냥 솔직하게 이야기해라.", "친구들이 다 보는 앞에서 선생님을 속이는 것을 보면 친구들이 어느 순간 너를 믿지 않게 된다. 선생님을 속일 정도의 친구라면 친구를 속이는 일은 일도 아니다.", "속는 것은 내 문제이니 내가 책임지면 되고, 속이는 것은 너의 문제이니 네가 학교에서 학생들 간에 문제가 생기거나, 특정 학생이 바람직하지 못한 행동을 반복하게 되면 학생의 부모님께 연락하고 학부모님 상담을 하기도 한다. 당신의 자녀가 잘못된 행동을 했다는 말씀을 들으면 간혹 자녀를 방어하기 위한 모습을 보이는 경우가 있다. "내 아이가 그럴 리가 없다, 왜 다른 아이 편만 드느냐, 너무 나쁘게만 보는 것 아니냐."라는 반응이 많다.

부모님들은 아이가 하는 말만 듣고 판단하는 경우가 있다. 교사들이 하는 이야기가 있다. "내 아이가 어떤지 부모가 제일 모른다." 부모님들은 아이가 집에 와서 부모님에게 보여주는 모습만 아신다. 지금까지 아이가 자라면서 초등학교를 다니고 중학교를 다니며 겪은 일, 보아온 모습만 아신다. 고등학교에 와서 어떤 모습으로 생활하는지 잘 모르신다. 내 아이에 대하여 가장 잘 아는 사람도 부모님일 수 있지만, 사회에서 어떤 모습을 보이는지 가장 모르는 사람도 부모님이다. 학급 구성원으로서, 친구 사이에서, 어른들께 어떤 언행을 하는지 직접 따라다니면서 모든 행동을 객관적으로 관찰할 기회가 없기 때문이다.

자식은 기본적으로 부모에게 좋은 자식이고 싶다. 부모의 기대에 부응하고 부모가 자랑스럽게 여기는 자식이 되고 싶어 한다. 자신이 실수한 것, 잘못한 것, 부모의 명예, 자존심을 실추시킨 일 등을 부모님이 알게 되는 것을 너무도 고통스러워한다. 절대로 알리지 말아 달라고 하며 똑같은 일을 하지 않겠다고 다짐과 약속을 하고 사정사정하는 아이도 있다. 그럴 때는 학생과 나만 아는 일로 하고 넘어가는 일도 있다. 학생들과 상담하면서 성적과 부모님의 수고로움에 대하여 이야기하면 많은 학생이 눈물을 흘린다.

부모도 자식에게 좋은 부모가 되고 싶다. 부모가 성장하면서 어떤 실수를 했는지, 어떤 잘못을 했는지 자식이 알게 되는 것을 좋아하는 부모는 없을 것이다. 자식이 존경하는 부모가 되고 싶지, 자식이 함부로 하는 부모가 되고 싶은 사람은 세상에 하나도 없다고 생각한다. 나는 어려서 내가 부모 마음에 들지 않는 자식인데, 내가 자식 마음에 드는 부모가 될 수 있을까에 대해 고민하며 부모를 이해하려고 노력한 적이 있다.

이해관계가 개입되면 손해를 보려고 하지 않는 것이 기본적인 마음이다. 사람들을 속여가며 자신의 이익을 취하는 사람들이 아주 많다. 사람들은 나에게 잘해주고 호의적인 사람을 좋은 사람, 착한 사람이라고 여기기도 한다. 세상에서 둘도 없는 사람처럼 살갑게 지내다가도 이해관계가 얽히면 내 밥그릇부터 챙긴다. 배려도 잘하고, 공감도 잘하며, 친절하고 겸손하기까지 한 품격을 갖출 수 있는 것은 내 마음이 편안하고 여유가 있을 때이다. 불리한 상황에 놓이고 나의 지위나 권위에 도전한다고 생각하면 분노하고 모욕적 언사를 하기도 한다. 사람을 어디까지 믿어야 할까? "당신은 신뢰도 몇 % 의 사람인가요?"라는 질문에 100%라고 말할 수 있는 사람은 없다고 생각한다.

비판은 하되 비난은 하지 말자

오전 10시경 딸아이에게서 전화가 왔다.

"뭐해?"
"성경 타이핑해. 무슨 일?"
"직장에서 선배가 불친절하고, 제대로 가르쳐 주지도 않고, 아직도 모르냐고 하고, 약간의 실수를 인격적 모독까지 하며 질책하고 타박하고……."

입사한 지 한 달 정도 지났는데 선배가 보기에 부족한 부분이 있었나 보다. 싫은 소리를 들어서 기분도 나쁘고, 자존심이 상했는지 하소연을 한다. 하소연을 들어주고 공감해 주었으면 좋았을 텐데, 거기다 대고 잘잘못을 따지고, 조언한답시고 듣기 싫은 소리를 했나 보다. 결국은 "엄마는 항상 그래.", "너는 어떻고."라며 언쟁하고 서로 상대를 공격하는 비난의 말을 쏟아내며 통화가 끝났다.

비난의 말을 들은 나는 마음이 상해서 '자식이라고 하는 것이 어떻게 나한테 그럴 수가 있어.'하며 눈물을 흘리기도 하고, 소원한 채로 시간을 보낸다. 딸아이는 딸아이대로 공격적인 엄마의 말을 들어 자존심도 상하고, 자존감도 떨어져 마음의 문을 닫아건다. 비난하는 말이 오고 가다 보면 이야기의 방향이 어디로 흐르는지도 모른 채 처음 주제와 딴판이 된 주제로 심한 언쟁을 하며 마음에 상처가 되는 말을 남기게 되고, 관계도 깨진다. 깨진 관계를 회복하기 위한 시간이 오래 걸린다.

딸아이의 말에 실망한 나는 '그래 자식은 자식의 인생을 사는 거지.', '나는 나의 삶을 사는 거야.' 하며 체념한다. 상담 연수를 받으면서 교수님이 하신 말씀이 만고의 진리처럼 생각되는 순간이 종종 온다. 교수님 아들이 말을 너무도 안 들어서 내린 결론이 '그래, 아들이 내 말 잘 들으려고 태어난 것이 아니라 아들 뜻대로 살려고 태어났지.'라며 마음을 다스렸다고 한다.

나이가 들면 들수록 자식과 감정적인 연결이 깊어졌으면 하는 바람이 생겼다. 딸아이가 성장하면 할수록 엄마라는 존재를 이해하는 폭이 넓어지며 많은 이야기를 나누다 보니 감정적인 위로도 받고 싶었던 모양이다. 엄마와 딸은 누구보다도 정서적 유대감이 크고 친구 같은 관계가 될 수도 있어, 딸아이가 태어났을 때 나는 환호성을 질렀다 "엄마의 성공은 딸!"이라고. 여학교에서 오랫동안 교직 생활을 하면서 학생들에게도 똑같은 말을 했었다.

딸은 가끔 함께 밥 먹자고, 오랜만에 좋은 시간 가져보자며 만나자고 한다. 때로는 딸아이와 깊은 대화를 나누고 서로의 생각을 공유하며 식사도 하고, 자리를 옮겨 차를 마시며 또 다른 주제를 가지고 토론하며 시간을 보낸다. 둘이 산책하는 것도 좋아해서 함께 걸으며 이야기를 나누기도 한다. 그런 날은 엄마 생각은 이런데 네 생각은 어떠냐고 물으면 조곤조곤 자신의 생각을 논리적으로 대답을 잘해준다.

자식과 건강한 정서적 연결을 원한다면, 서로가 원하는 것을 잘 알고 거기에 맞는 노력을 해야 가능하다는 것을 딸아이가 성장하면 할수록 실감한다. 나는 나이가 들면서 자신감도 떨어지고 신체적 기능도 약해지는데, 자식은 훨씬 더 강해지면서 역전이 된다. 서로가 변화되는 모습을 받아들이고, 이해하고 배려하며 더 성숙해지려고 노력해야 건강한 관계를 유지할 수 있다. 그렇지 않으면 부모와 자식 사이라 해도, 형제 사이라고 해도 관계를 건강하게 유지하기 어렵다고 생각한다.

교직에 있으면서 학생들을 지도하는 과정에서도, 마찬가지로 학생들과 갈등이 생기는 경우가 많았다. 고등학교에 처음 입학한 학생들을 보면, 어디서부터 어디까지 가르쳐야 하는지 답답하다. 예를 몇 가지 들어보면, 교과 담당 교사가 들어와서 수업을 진행하고 있는데 개인 볼일을 보러 갔다가 앞문을 벌컥 열고 들어오는 식이다. 청소를 지도해야 하는데 "빗자루로 쓸어라."라고 하면 하기 싫은지, 하는 방법을 모르는지 빗자루를 질질 끌고 다닌다. 수업 중 핸드폰을 하다가 뺏겨서 담임에게 넘겨지면 찾으러 와서 대뜸 "핸드폰이요!"라고 한다.

처음 몇 년 동안은 곧바로 학생들의 태도에 대하여 야단치는 형태로 반응했다. "어디 앞문을 벌컥 열고 들어와, 예의도 모르니?", "청소하는 방법 모르니? 비질도 할 줄 모르니?", "핸드폰이요? 어떻게 말해야 하는지 안 배웠니?"라며 다그치듯 비난하는 말을 해댔다. 학생들은 학생들대로 마음이 상했고, 나는 나대로 화가 나고 기분이 나빠졌다. 학생은 그 뒤로 본체만체하며 인사도 안 하고, 고개를 홱 돌리고 복도를 지나쳐 가버리기도 했다.

2000년대 초반까지만 해도 학생들이 이 정도는 아니었는데 왜 이렇게 되었을까? 예전에는 교실에 들어가서 공기가 탁하다고 느껴져 "창문 좀 열자." 하면 창가에 앉아 있는 학생이 일어나서 창문을 열곤 했다. "청소해라." 그러면 주체적으로 참여하고 솔선수범하기도 했는데, 시간이 지날수록 아무도 반응하는 학생이 없다.

심지어는 청소 당번인데도 모른 척하고 있다. 기본적인 사회적 태도가 갖추어지지 않았다는 생각이 들었고, 학생들의 상태는 점점 더 심해졌다.

이유를 계속해서 생각하다 보니 나름의 결론을 얻었다. 학생들이 알고 안 하는 것이 아니라 실제로 전혀 모르기 때문에 일어나는 현상들이었다. 개중에는 알면서도 이기적으로 생각하는 학생도 있었지만, 대부분 모르고 하는 행동들이었다. 배운 적이 없고, 들은 적도 없고, 들었다고 해도 일대일 지도가 아니라 단체를 지도하는 상황이라 특정 누구의 일이지 자신의 일이라고 여기지 않았다는 생각이 들었다.

학생들이 모르기 때문에 일어나는 현상이라는데 생각이 미치자, 나는 상황에 직면할 때마다 마땅히 취해야 할 행동, 태도, 말하는 법까지 설명하기 시작했다.

학생들이 어느 정도 생활 태도가 형성될 때까지 적어도 한 달 이상이 걸린다. 1학년 입학생들을 가르치는 일이 힘들다 보니 3학년을 가르치던 선생님들이 어쩌다 1학년 담당을 하다 보면 힘들다는 생각이 들어 1년하고 다른 학년을 지원해서 가곤 한다.

학생들과의 관계뿐만 아니라 직장 동료와의 관계도 마찬가지라는 생각을 한다. 누군가 나와 다른 기준으로 기대하지 않는 행동을 하게 되면 비난하는 말을 먼저 하게 된다. 내가 생각하기에 부적절한 모습을 하면 참을 수가 없고 그 사람을 폄훼하는 구실로 삼는다. 시스템에 처음 들어와 전체 상황을 모르고 하는 행동조차도 그 사람을 평가하는 잣대로 여긴다. 조직에 잘 적응할 수 있도록 설명을 해주기보다는 배타적인 경향을 보이기도 한다. 지위가 높은 사람은 자신의 결정이 절대적인 양 밀어붙이기도 한다. 비판적인 의견조차도 자신의 권위에 도전하는 것처럼 생각되는지, 인신공격을 하고 협박도 하며 굴복시키려는 모습을 보이기도 한다.

　다른 사람의 단점, 실수를 약점 삼아 비난하기는 쉽다. 함께 하는 자리에서 누군가를 비난하는 이야기를 듣게 되면 나도 비난거리가 없는지 기억을 더듬어 찾아내려고 하고 비난에 동참하게 된다. 비난에 동참하면서 결속력이 더 강해지는 느낌이 들고, 비밀을 공유했다는 일종의 쾌감도 있는 듯하다. 장점을 찾아 칭찬하기보다는 단점을 더 크게 부각해야 내가 더 괜찮은 사람인 것 같기도 하다.

　사람들과의 관계를 건강하게 유지하고 싶은가. 그렇다면 단점보다는 장점을 보려고 노력하고, 실수를 비난하기보다는 비판적인 의견을 바탕으로 문제점을 찾아내 긍정적인 방향으로 변화할 수 있도록 노력해야 한다. 오은영 박사가 진행하는 프로그램을 보면 가족관계의 악화는 나의 실수, 잘못보다는 상대방의 잘못을 비난하는 것에서부터 시작된다. 가족관계는 물론이려니와 내가 속한 더 큰 조직에서도 마찬가지이다. 비판적 의견을 개진할 줄 알고 수용하는 태도를 배워야 하며, 관용과 포용의 자세를 지녀야 한다.

모든 사람에게 좋은 사람일
필요는 없다

졸업을 하고 병원에서 근무한 지 1년이 지나면 후배들이 온다. 내가 근무하는 병원으로 1년 후배 두 명이 왔다. 신임이라 선배로서 병원 환경에 적응할 수 있도록 도와주기도 하고, 환영의 의미로 밥을 사주기도 했다. 같은 후배이지만 그중 한 명과 더 친한 관계가 되었다. 서로 개인적인 이야기, 고민, 있었던 일 등을 공유하며 좋은 시간을 보냈다.

어느 날 퇴근하고 식사를 한 후 후배 방에 놀러 갔다. 차를 한잔 하며 이런저런 이야기를 나누던 중 "저는 선배님이 좋은데 같이 온 동기는 선배님 같은 스타일이 싫대요."라는 말을 했다. "그래, 어떤 부분이 마음에 들지 않았을까?" 물었다 구체적으로 이유를 말해 주지 않았지만, 이유가 궁금하기도 했다. 그렇다고 싫다는 그 후배에게 물어보지도 않았다. 나름대로 두 후배에게 잘해준다고 생각했고, 둘 다 공평하게 대했다고 생각했는데 한 사람은 좋다고 하고, 다른 한 사람은 싫다고 했다.

윗사람보다는 아랫사람에게 나는 더 잘하려고 했던 것 같다. 실수한다고, 잘 모른다고 야단을 치거나 하지 않으려고 노력했다. 가능하면 친절하게 가르쳐 주려고 했고, 서로 어린 나이에 힘든 환경에서 생활했기에 따뜻한 사람이 되려고 했다. 선배라는 이유로 고압적인 모습을 보인다거나, 다른 사람의 단점을 약점으로 이용한다거나 뒷말을 하지 않으려고 마음을 다잡곤 했다.

후배의 말을 듣고 큰 깨달음을 얻었다. 내가 좋은 사람이라는 소리를 들으려고 애써 노력할 필요가 없다는 것을 알게 되었다. '그저 나는 나답게 있으면 되겠구나.'라는 삶의 철학이 생겼다. 내가 가진 어떤 특성이 누군가에게는 불편한 부분이 되었고, 누군가에겐 전혀 문제가 되지 않았다. 모두에게 좋은 사람이 되려고 노력하다 보면 내가 아닌 나로 살고 있다는 생각이 들 때가 있다. 보여주는 모습과 내 안의 모습이 서로 차이가 커지면서 괴리감을 느낄 수 있다. 그럴 땐 사람으로 인한 피로감이 커지며 스트레스가 쌓이게 된다.

박은숙, 박은주 공저 『바이오리듬』이라는 책에서 인간이 가지고 있는 세 가지 리듬이 있다고 했다. 23일의 신체 리듬, 28일의 감성 리듬, 33일의 지성 리듬이 그것이다. 생년월일에 따라 태어나는 시점부터 리듬이 주기성을 가지고 시작된다고 했다. 다른 나라에서는 이 이론을 바탕으로 리듬을 구하고, 바이오리듬의 변화에 따라 자기관리, 경영, 학습, 스포츠, 인간관계 등에 적용하며 생활화하고 있다고 했다. 리듬 차트를 작성하는 방법도 잘 나와 있었다. 리듬을 통하여 위험한 일이 발생할 수 있는 시기를 예측하여 사고를 예방할 수 있다고도 했다.

두 후배의 좋다, 싫다는 입장을 보고 바이오리듬이 연결됐다. 나는 리듬의 고조기에 와 있는데, 다른 사람은 저조기 상태에 놓일 수 있겠다는 생각이 들었다. 내가 저조기에 들어가서 기분이 우울하고 신체적으로도 쳐지는 느낌인데, 곁에서 기분이 들떠있고 활기찬 모습을 보인다면 피하고 싶은 생각이 들 수도 있을 것이다. 나 역시도 정서적 연결이 모두 똑같은 것은 아니기에 후배들을 충분히 이해할 수 있었다.

우리 집은 6남매다. 위로 오빠가 둘이고, 아래로 동생이 셋이다. 큰딸로 태어나다 보니 말귀를 알아듣는 나이가 되면서 온갖 집안일을 다했다. 오빠 둘은 일찌감치 독립했다. 시골이라 겨울철에 돈벌이가 시원치 않으면 엄마는 도시로 돈을 벌러 나가셨다. 방학이기도 하고 등하교시키는 일을 돌보지 않아도 되었기에, 아프신 아버지와 나에게 집안일 모든 것을 맡겨놓은 채 집을 비우셨다.

재래식 부엌에 불을 지펴 밥을 하고, 반찬을 하고, 큰 가마솥에 소여물을 끓여 구유에 퍼주는 일도 내 차지였다. 찬물에 손을 비벼가며 손에 잘 잡히지도 않는 아버지의 두꺼운 점퍼를 빠는 일도, 우물에서 물을 길어오는 것도 모두 나에게 맡겨진 일이었다. 어린 동생들을 챙기고 보살피는 일과 집을 비우고 읍내로 놀러 다니기 좋아하시는 아버지까지 내가 감당하기에는 너무 버거웠다.

형제가 많았지만, 부모님부터 형제들까지 마음 놓고 기댈 언덕이 없었다. 고등학교를 졸업하고 상급학교에 진학하려 한다고 친척들이 욕을 하기도 했다. 저만 안다고 이기적이라고. 취업해서 집안을 도울 생각은 안 한다고 말들이 많았다. 가정형편이 여유롭지 못하고 큰딸로서 과중한 부담감이 나를 짓눌렀는지 나는 형제가 많은 것이 그다지 기쁘지 않았다. 가지 많은 나무에 바람 잘 날 없다고 동생들을 도와주어야 한다는 책임감을 가지고 오래도록 살았다. 결혼하고 자식을 낳아 키우는 일도 무한 책임감이 부담스럽다고 생각되어 하나만 낳았다.

어린 시절 성장 과정 때문인지, 학부 전공과목이 간호학이어서인지 나는 주변에 있는 사람들과 어려움을 함께 나누려고 하는 정서적 교감을 중요하게 여기는 성향이 몸에 배어있었다. 학부 시절 룸메이트를 나보다 더 먼저 배려하려고 했고, 환자 하나하나의 아픔을 공감하고 살뜰히 보살펴 주려고 했다. 다른 사람의 어려움이나 아픔에 대한 공감과 감정이입이 심해 가슴이 아릴 때가 많았고, 에너지 소모가 많아 힘들다고 생각하기도 했다.

교직에 있으면서 학생들과 상담하며 최대한 학생이 자신의 이야기를 할 수 있도록 지지를 해주었다. 어떤 학생은 일주일에 적어도 두 번은 찾아와서 두 시간 가까이 자신의 이야기를 하며 울곤 했다. 내가 해결책을 가지고 있는 것은 아니었지만, 그럴 때마다 끝까지 들어주고 자신의 마음을 충분히 표현할 수 있도록 했다. 입학식도 치르기 전에 핸드폰 문자로 "선생님, 저 죽고 싶어요."라며 발신자 표시가 없는 메시지를 보낸 학생도 있었다. 그 학생이 학교생활에 잘 적응할 수 있도록 지극정성을 다해 도와주었고, 정상적인 생활을 하기까지 6개월 이상이 걸렸다.

나를 챙김보다 남을 챙김이 익숙해졌다. 나보다는 남이 우선순위에 올라와 있었다. 책임을 다한다고 퇴근 이후에 남아서 학생 상담과 학부모 상담을 했다. 그렇게 사는 것이 잘하는 것이고, 책임 있는 사람이라고 생각했다. 그렇게 사는 나 자신이 바람직하다고 여겼고, 만족스럽다고 생각했다. 하루 이틀에 끝나는 일이 아니고 수십 년을 살다 보니 점점 지쳐가는 내가 보였다. 이렇게 살다가는 에너지가 소진되어 더 이상 버틸 수 없겠다는 생각이 들었다.

모두에게 잘하려고 하는 나, 내 시야 안에 있다고 모든 사람과 깊고 따뜻한 정서적 연결을 해야 한다고 생각하는 나를 정리해야겠다고 결단했다. 역할과 책임이 주어지면 해야 할 만큼보다 더 많이 하려고 했던 나는 많이 버거웠다. 나에게 주어진 에너지는 무한의 에너지가 아니다. 심장도 만들어지는 그 순간 뛸 수 있는 박동수가 정해져 있다고 한다. 기계의 수명이 정해져 있는 것처럼, 사람도 마찬가지로 수명이 어느 정도 정해져 있고, 내게 주어지는 에너지양도 정해져 있다고 생각했다.

잘하려고 하는 나를 내려놓고 나에게 투자하는 시간을 늘렸다. 근무 중에는 최선을 다하고, 퇴근 시간이 되면 바로 퇴근하기 시작했다. 직업적으로 해야 하는 일을 집으로 가져가는 일이 없도록 근무 시간을 빈틈없이 보냈다. 딸아이도 커서 독립했고, 집안일도 안 할라치면 별로 할 것도 없었다. 내 시야 안에 있다고 나와 막역한 관계가 형성되어야 한다는 의무감 같은 습성도 내려놓았다. 의도적으로 좋은 모습만 보이려는 이중적인 노력도 벗어 던졌다. 이기적이고 싶을 때는 나를 먼저 챙기기도 했고, 힘들다 싶으면 힘들다고 말하며 쉼을 가지기도 했다.

개중에는 이런 모습을 보이는 나를 험담하기도 하고, 인신공격을 하기도 했다. 가수 양희경이 "나와 다른 시선이나 기준으로 사람들이 안 좋은 소리를 할 때 어떻게 하면 좋겠냐."는 질문을 받았다. "그래, 그럴 수 있어.", "그러라, 그래."라고 대답했다. 초연함이 물씬 묻어나는 말이다. '나에 대한 험담을 하면 사실이면 사실이니까, 사실이 아니면 사실이 아니니까.'라고 여기며 일희일비하지 않기로 했다. 왜 그런 소리를 하느냐고 찾아가 따지지도 않았다. 그냥 두었다.

　나를 아는 사람 열 명 중에 한 사람만 나를 괜찮은 사람이라고 생각하면 성공한 인간관계라고 할 만큼 다양한 기준과 시선을 가지고 나를 바라본다. 주변 사람들의 평가에 민감하여 자신에 대한 험담을 누군가가 하고 다니는 것을 알게 되면 감정적으로 반응하고 갈등의 골이 깊어지기까지 한다. 세상에 완벽한 사람은 없다. 잘하려고 노력한다고 해서 모든 사람이 좋은 사람이라고 말하지 않는다. 시기와 질투로 세상에 없는 나쁜 사람이 되기도 한다. 세상일이 나의 의지와 뜻대로 움직여 주지 않는다. 다른 사람이 평가하는 나의 모습에 지나치게 연연하지 말고 나다운 모습으로 나의 삶을 사는 것이다.

인연은 흘러가게 두는 것

"인연이 되면 또 만나요."

민화를 가르치는 선생님이 어느 기관에서 강의를 하다가 "다음 학기에는 강의 개설을 하지 않으셔도 됩니다."라는 통보를 받았다고 한다. 마지막 수업을 마치고 나오면서 웃는 얼굴로 인사를 나누며 한 말씀이라고 한다. 그로부터 몇 년 지나지 않아 기관 관리자가 바뀌게 되었고 다시 강의 개설을 해달라는 요청이 와서 강의 개설차 들렸는데 업무 담당자가 같은 사람이었다고 한다. "안녕하세요, 또 만나게 되었네요." 자연스럽게 웃으며 만남이 이어졌고, 지금도 강의를 나가신다. 해고 통보를 받고 이유가 뭐냐고 따지지 않은 것이 얼마나 다행인지 모르겠다고 말씀하신다.

인연을 한자로 쓰면 因(인할 인), 緣(인연 연)이다. 因은 어떤 사실로 말미암다라는 뜻으로, 말미암다는 어떤 현상이나 사물 따위가 원인이나 이유가 된다는 직접적인 원인이고, 緣은 간접적인 원인, 조건이 만나서 이루어지는 것이 인연의 의미다. 사람은 태어나면서부터 어디서부터인가 연결고리가 만들어져 있어서 필요한 순간에 만남이 이루어지는 우연을 가장한 필연이라는 생각이 든다. 지금까지 살아온 삶을 돌이켜보면 더더욱 그렇다.

크리스트교에서는 인간을 창조의 존재로 보는 반면, 불교에서는 인간의 탄생은 단순한 '우연한 탄생'이 아니라 업과 인연의 결과로 해석한다. 과거의 삶을 어떻게 살았는가에 대한 행위와 의도가 지금 나의 삶에 영향을 준다고 본다. 선한 씨앗을 심으면 선한 결과로, 악한 씨앗을 심으면 악한 결과로 조건이 맞았을 때 모습을 드러내게 된다. 선업이 쌓이면 인간으로 태어나는 기회를 얻게 되고, 수행을 통해 윤회에서 벗어날 수 있다고 한다.

크리스천으로서 인연을 불교에서 말하는 인연으로 본다는 것은 불경스러운 생각일 수 있다. 불교를 배제한다고 하더라도 지금 나를 구성하고 있는 환경은 하나님의 의도 아래서 진행되는 '나의 삶을 살고 있는 것'이다. 기독교적인 해석이든, 불교적인 관점이든, 윤회의 삶을 살든, 한 번만 살고 끝나는 삶이든, 현재의 삶은 필연에 의해 진행되고 있다고 생각한다. 그러니 우연한 만남이 있을 수 없다.

글을 쓰면서 나의 삶이 시작된 순간부터 이어진 인연에 대해 생각해 보았다. 태어나자마자 만나게 된 부모님과 오빠 둘, 동생 셋, 가족이다. 오빠 둘은 아버지가 다르다. 나의 아버지의 친자는 나와 동생 셋뿐이다. 아버지는 북한에서 태어나셨고, 강제 징용되어 끌려갔다가 탈출하셨으며, 북한에서 결혼하여 자녀를 둘 두셨다고 했다. 한국 전쟁 당시 북한군으로 참전하셨다가 북으로 가지 못하고 포로가 되었고, 엄마를 만나셨다. 독자이신 아버지는 아들을 원하셨고, 아이를 많이 낳고 싶어 하셨다. 우연으로 가족이 되었다고 하기에는 가족 구성 자체가 주는 느낌이 너무 무겁다. 부모는 이제 인연이 다되어 그 연결고리가 끊어졌고, 막냇동생도 인연이 다했다. 오빠 둘도 인연이 다했는지 그냥 오빠로 어디선가 각자의 인생을 살고 있다. 형제자매 6명 중 오롯이 셋만 인연의 끈이 계속 이어지고 있다.

초등학교에 입학하면서 공식적인 관계가 형성되었다. 어린 시절에 기억나는 중요한 인연을 꼽자면 저학년 담임선생님이다. 종업식을 하면서 성적표를 나누어 주는데 한 사람씩 앞으로 나가서 받았다. 성적표를 주시면서 "너는 똘똘하게 생겼는데 성적은 왜 이러냐."고 질타하는 말씀을 하셨다. 나는 그 말씀을 들으면서 곧이곧대로 '아, 나는 똘똘하게 생겼구나.'를 더 가슴에 새겼던 것 같다. 아직도 생생하게 들리는 것 같으니 말이다. 가정 밖에 나가 처음으로 중요한 사람에게서 들은 말이었기에, 인정받았다는 자신에 대한 자부심이나 자신감의 근원이 되었다.

다니던 학교는 소양감 댐을 건설한 영향으로 수몰지구가 되어 물속에 잠겼다. 수위가 낮아지면 학교 터가 드러나기도 했지만, 기억 속에만 남아있다. 4학년이 되어서 다른 곳에 학교를 지었고 이사를 했다. 자연스럽게 근무연한이 다되어 저학년 때 담임선생님은 다른 곳으로 전근을 가셨고, 그 뒤로 소식을 들은 적이 없다.

4학년 때 담임선생님으로 부임하신 분은 2년제 교원 양성학교를 졸업하시고 군대를 다녀온 남자 선생님이셨다. 처음으로 교편을 잡으셨기에, 할 수 있는 모든 열정을 다 쏟아부으셨다. 수업이 끝나도 운동장에서 아이들과 놀아주셨고, 아주 어린 아이는 업어주기도 하셨다. 각종 스포츠는 초등학교 때 많이 배웠다. 선생님의 열정에 대한 보답으로 아이들이 많이 따랐다. 2년을 가르치고 다른 곳으로 발령이 나셨다. 마지막 수업을 하실 때는 아이들은 울음바다가 되었다.

정든 아이들과 헤어지는 것이 못내 아쉬우셨는지, 아니면 우리를 달래시려는 목적이었는지 모르겠지만, 헤어지는 날 우리와 약속을 하나 하셨다. 2000년 5월 5일 12시 정오에 이 교실에서 만나자. 학교가 논으로 변했든, 밭으로 변했든 만나기로 약속했고 이별했다. 나는 그날을 잊지 않고 있다가 가족과 함께 서울에서 5시간 가까이 걸려서 그 장소에 갔다. 학교는 폐교가 되어 개인 사유지로 변했고, 건물은 가정집으로 사용하고 있었고, 운동장은 밭으로 일구어 농작물을 재배하고 있었다. 주인과 겨우 연결이 되어서 들어가 볼 수는 있었다. 약속 시간이 지나고서도 두 시간을 더 기다렸는데 선생님은 오시지 않았다. 그 기억을 잊지 않았던 후배 하나가 왔길래 함께 식사하고 헤어졌다.

집으로 돌아와서 선생님을 수소문하기 시작했다. 'I love school.'을 통해 한창 스승 찾기가 유행하기도 했다. 전근하신 학교, 지역교육청, 인터넷 스승 찾기 사이트 등 모든 방법을 동원해서 뵙고자 했지만 결국 찾지 못했다. 너무 아쉽고 속상한 나머지 그 기억만 떠올리면 눈물이 나곤 한다. 그 선생님과의 인연은 거기까지였다.

삶의 목표는 인연을 결정한다. 어떤 삶을 살기를 원하느냐에 따라, 내가 가고자 하는 방향에 따라 내게 필요한 인연들이 준비되어 있는 듯하다. 고등학교를 졸업하면 자립적으로 대학을 다녀야겠다고 마음을 굳혔던 시기에 간호사관학교 홍보를 나온 선배들을 만났고, 정보를 알게 되어 사관학교를 갔다. 국군서울지구병원은 VIP 병원이라 그곳을 가려면 지구병원 간호부장의 면접을 보아야 하고, 가고 싶다고 갈 수 있는 곳이 아니었다. 때마침 지구병원에서 근무했던 선배님과 같은 병원에서 있었다. 면접을 위한 추천 요청이 왔는데 선배가 가고 싶냐고 물으셔서 그렇다고 했더니 지구병원 간호부장의 연락을 받고 추천을 해주셨다.

병원 근무를 그만두고 사회에 나와 취업을 준비하던 시기에도 같은 길을 가던 선배가 곁에 있었고, 선배가 알려준 정보대로 취업 원서를 냈고 고등학교 교사가 될 수 있었다. 학교 설립자는 장교 출신에 대한 충성심을 높이 평가하는 분이었고, 아무런 연고도 없는 나를 남학교 교련 교사로 채용해 주셨다. 취미로 그림을 그리겠다고 민화를 신청했는데 지도 방향이 나의 가치관과 꼭 맞는 선생님을 만났다. 책을 쓸 준비가 되면 책을 한 권 써 보고 싶다는 막연한 목표가 있었다. 인터넷에서 무료 북 콘서트를 신청했는데 책 쓰기 일타강사를 만나게 되었다. 초고를 쓰고 출판사에 투고하는 과정에서 멋진 출판사 대표님을 직접 만나 계약서를 쓰게 되었다. 나는 단지 목표를 가지고 길을 찾았을 뿐인데, 감사하게도 마치 그 가는 길목에 나를 위한 인연들이 배치되어 기다리고 있었던 것 같다.

중학교를 졸업하고 학생들이 고등학교에 입학하게 되면 새로운 사람들을 만나게 되고 학교생활에 잘 적응할 수 있어야 한다. 친구를 사귈 수 있느냐 없느냐가 아주 중요한데, 친구 사귀는 것을 어려워하는 아이들이 생각보다 많다. 입학한 지 일주일이 지났는데도 등교해서 말 한마디 제대로 못 하고 집으로 돌아가는 아이들이 있다. 집에 가서 부모님께 친구가 없어서 학교 가기 힘들다고 하소연도 한다. 중학교 친구를 잊지 못하고 연연해하며 아는 친구가 없어서 학교 가기 싫다고 한다. 옛 인연이 더 소중해서 마음을 다 주고 와서 다른 인연이 눈에 안 보이고 마음에 들어오지 않는 것이다.

학생들이 같은 교실에서 1년을 함께하다 보면 스스럼없는 사이가 되고, 서로 편안해하며 둘도 없는 친구 관계로 발전한다. 막역한 관계는 아니더라도 서로 안부를 걱정하기도 하고, 같은 공감대와 연대 의식이 생긴다. 학년을 마치고 종업식을 하는 날이면 학생들은 헤어지는 것이 싫어서 울기도 한다. 마지막 인사를 하면서 정이 많은 아이들은 자주 찾아오겠다고 말한다.

담임을 맡았던 학생들에게 나는 나를 찾아오지 말라고 이야기한다. 이유는 옛 인연을 마음에 계속 품고 있으면 새로운 사람이 마음에 빨리 안 들어온다. 가슴 한구석에 좋은 인연이었다고 잘 넣어두고 다시 만날 담임, 친구들에게 정성을 들이고 애정을 쏟아야 한다. 사회에 나가도 마찬가지이다. 내가 현재 있는 곳에서 나와 잘 맞는 사람, 좋은 사람을 만나야 삶이 풍요로워지고 행복하다고 말해 준다.

인연은 말 그대로 어떤 사실로 말미암아 원인이나 이유가 되어 조건이 맞아서 형성되는 것이다. 원인이나 이유가 있기에 좋은 인연도 있고, 소위 악연도 있다. 인연을 강제하다 보면 또 다른 인연이 만들어진다. 우연을 가장한 필연으로 다가왔다가 그 목적을 다 이루고 나면 물리적, 심리적 거리가 멀어지면서 자연스럽게 정리된다. 과거의 인연에 대하여 현재의 삶을 방해할 정도로 집착하고 붙잡으려고 애쓰지 말고 흘러가도록 두는 것이 좋겠다. 새로 다가오는 인연을 소중히 여기며 정성을 다할 수 있도록 노력하는 것이 순리이다.

06

타인의 행복은 곧 나의 행복

"사돈이 땅을 사면 배가 아프다."와 비슷한 외국 속담 "울타리 건너편 잔디가 더 푸르러 보인다."라는 말이 있다. 다른 사람이 좋은 일이 있거나 많은 이득을 보게 되면 직접적인 손해가 있는 것도 아닌데 질투심과 시기심이 생기는 것을 비유적으로 표현하고 있다. 타인이 행복해지는데 나는 불행감을 느낀다. 다른 사람의 행복을 바라다보며 나에게는 행운이 찾아오지 않는다고, 나만 왜 가만히 있느냐고 불평하고 한탄하고 있다. 결국은 비교하면서 남보다 더 얻고자 하는 마음, 더 잘되겠다고 하는 마음으로 하지 않아도 될 경쟁심이 생기면서 자신의 마음만 상하게 된다.

세상에는 희소한 가치를 가진 것들이 많다. 오직 하나밖에 없는 것이 있고, 화폐 가치로 환산했을 때, 엄청난 가격을 지불해야 하는 것도 있다. 한 나라의 최고 위치, 최고의 권력, 힘을 행사할 수 있는 대통령이라고 하는 것은 하나뿐이다. 많은 사람이 대통령이 되고자 하지만 오직 한 사람만 대통령이 될 수 있다. 전임 대통령 중 한 분은 당선된 소감을 묻는 기자의 질문에 "참 좋습니다."라고 말씀하셨다.

물질이 주는 만족감도 매우 크다. 다른 사람보다 더 멋진 차, 유명 브랜드의 고가 옷, 궁전 같은 집, 평생 써도 다 못 쓰는 돈. 좋은 차를 샀는데 "차 멋진데."라고 하면 어깨에 힘이 들어가고 자랑스러우며 뿌듯하고 기분이 괜찮다. 부럽기도 하고, 우러러보기도 하고, 경외심이 절로 생기기도 한다.

고등학생들을 가르치면서 "인생에서 가장 중요한 것이 무엇인 것 같아?"라는 질문을 했을 때, 꽤 많은 학생이 "돈이요."라는 대답을 한다. 국산 핸드폰을 들고 다니는 사람들을 비하하는 말로 상품명 끝에 충이라는 용어를 붙여 사용하기도 한다. 많은 아이들이 외국산 핸드폰을 들고 다닌다. 어린 나이에 돈의 유용성을 깨달아 경제 감각 지수가 높다고 해석해야 하는지, 물질 만능주의적인 사고가 팽배하다고 해야 할지 난감하다.

자녀를 키울 때는 학교 성적이 우수하면 좋겠고, 고등학교를 졸업하고 유명한 대학에 들어가면 자녀를 잘 키운 것 같은 생각이 들기도 할 것이다. 학창 시절을 보내면서 공부를 잘하는 아이든,

학교 성적이 원하는 만큼 나오지 않는 아이든 진정 행복하다고 하는 학생을 별반 본 적이 없다. 성적과 사회적 시선, 취업 여부 등 외적 조건을 주로 고려하여 대학에 진학한 후 적성에 맞지 않아 갈등을 심하게 겪는 사람들이 많다. 대학을 졸업했다고 하더라도, 전공에 맞추어 취업한 후에도 직업 만족도가 낮아 방황하는 사람도 많다. 왜 이런 현상이 나타나는 것일까?

돈을 벌게 되면서 물질적인 것에 현혹되어 월급보다 더 비싼 가격을 주고 옷을 샀다. 그 옷을 손에 든 순간, 옷에 맞는 신발도 여러 개 사고 가방도 종류대로 샀다. 다른 사람들이 추구하는 것처럼, 나도 거기에 발맞추어 나가는 사람이 된 것 같았다. 허영심을 채워주는 느낌이었다. 시간이 지나면서 물질이 주는 만족감의 한계를 알게 되었다. 물질을 갖게 된 그 순간의 만족감, 뿌듯함, 설렘은 오래가지 않았다. 사람들의 시선은 더 고급스러운 것, 더 비싼 것으로 옮겨 다녔다.

행복은 삶의 과정에서 만족감을 충분히 느끼거나 기쁨을 맛보는 것, 그러한 상태에 있는 것이다. 충분한 만족감이나 기쁨을 느끼는 순간에 대한 기준은 사람마다 다르다. 행복은 인간의 욕구와 관련성이 높다. 매슬로우(Maslow)의 욕구단계론을 보면, 가장 먼저 충족시켜야 하는 부분이 생존을 기본으로 하는 욕구이다. 배가 심하게 고플 때 배고픔을 해결하지 않으면 그 어떤 것도 할 수가 없다. 일차적인 욕구가 충족되고 나서야 인정의 욕구 등 상위 욕구를 추구하게 된다. 어느 단계의 욕구를 가장 중요시하며 추구하고 있는지 깊이 있는 자기 탐색이 필요하다.

행복하게 살고 싶지 않은 사람은 세상에 없다. 행복하게 살고 싶다면, 자신에게 질문을 해 본다면 답을 찾을 수 있을 것이다. '행복이란 무엇이라고 생각하는가?', '행복하기 위해 추구하는 가치는 무엇인가?', '인생에서 중요하게 여기는 것은 무엇인가?', '내가 진정한 기쁨을 느낄 때는 언제인가?' 등 수많은 질문을 통해 자신이 원하는 행복한 삶을 정의 내릴 수 있을 것이다.

글로벌 기업 켈리델리 창립자 및 회장인 켈리 최는 『웰씽킹』에서 "부를 끌어당긴다는 것은 곧 사람으로서의 도리를 하는 것이며, 부에 대한 태도가 언제나 건전하다는 것을 의미한다. 그래서 우리가 맛볼 진정한 부는 사람을 통해서 완성된다, 사치와 향락의 세계에서 부를 과시하면 일시적으로 즐거울지 모르나 진정한 부를 맛보기 어렵다."라고 말하고 있다.

부라고 하는 것은 한곳에 머물러 있어야 하는 것이 아니라 선한 영향력을 위하여 흘려보내야 한다는 것이다. 구원의 손길을 내밀어 손잡게 하고, 나눔을 통해서 봉사를 실천하며 세상에 돌려주어야 한다는 것이다. 부를 바라다보는 철학을 어디에 두느냐에 따라 행복한 삶을 살 수 있는가를 잘 알려주고 있다.

농촌에서 태어나 부유함이라고는 모르고 자란 나였다. 중학교 등록금을 내기도 어려웠다. 그때만 해도 떠돌이로 사는 사람들이 많았는데, 그들이 가끔 고물을 주우러 다니다가 집에 들어오곤 했다. 식당이 변변하게 있는 것도 아니고, 돈을 내고 밥을 지어달라고 부탁할 형편도 아니었다. 그들은 밥을 한 끼 먹을 수 없겠느냐고 사정하곤 했다. 그때마다 엄마는 없는 반찬이지만 밥상을 차려주셨고, 구황작물을 나누어 주시기도 했다. 없는 형편임에도 우리 집보다 더 어려운 사람들과 따뜻한 마음을 나누고 함께하는 모습을 보여주셨다.

고등학교에 다닐 때, 지역 유지가 어려운 학생들을 위한 장학사업을 하고 있었다. 나의 사정을 알고 계셨던 담임선생님께서 나를 장학생 대상자로 추천하셨고, 가장 많은 장학금을 받았다. 그것으로 잠시나마 등록금 걱정을 하지 않고 학교에 다닐 수 있었다. 학부 과정도 마찬가지로, 제도적 도움을 받아 학비 걱정 없이 배움을 이어갈 수 있었다. 나를 돕는 사람들로 인해 나는 행복함을 알았고 감사함을 느꼈으며, 어떠한 형태로든 돕는 자가 되고자 다짐했다.

장학사업을 하는 것은 기업을 운영하는 기업주의 부에 대한 인식을 보여주는 부분이다. 기업의 이미지 메이킹을 위해 그만한 사업도 없다. 기업이 성장했다는 것은 소비자부터 기업 구성원 모두가 기여한 부분이 매우 크다는 것을 의미한다. 기업은 사람들이 기여한 만큼 사회에 환원할 수 있어야 하고, 환원된 부는 기업이 사회적 신뢰를 쌓는 발판이 되어 어려움 속에서도 버티며 성장하는 기반이 되어 준다고 생각한다.

삶에 있어서 중요하게 여기는 가치가 무엇이냐는 질문을 나 자신에게 던져보았다. 특히 교직에 있을 때는 학급마다 급훈을 정해서 태극기와 나란히 걸어놓는다. 내가 담당한 학급의 급훈은 주로 '스스로 서고, 서로 돕고, 존경받는 우리'가 되는 것이었다. 자신이 독립적으로 바른 모습으로 설 수 없는데 누구를 도울 수 있겠는가? 돕는 사람이 되고 싶어도 도울 수가 없다. 존경받는 사람이라는 것은 타인의 인정을 받는 것이다. 좋은 사람, 멋있는 사람, 존경심이 생기는 사람이라는 소리를 듣고 싶은가? 아니면 천하에 몹쓸 인간이라는 소리를 듣고 싶은가? 진정한 자존심을 가진 사람이라면 존경받는 사람이 되고 싶을 것이다.

많은 부를 가졌다고 약한 자를 억누르고, 비하하고, 소위 '갑질'을 일삼으며 반사회적 태도를 보이는 사람들이 간혹 있다. 어린 학생 중에도 공부 좀 한다고 "그것도 모르냐."라는 식으로 비아냥대는 학생이 있다. 그런 모습이 보일 때마다 "네가 공부를 잘한다는 소리를 듣는 것은 성적이 너보다 낮은 사람들이 있으니까 네가 빛날 수 있는 거다. 그런 친구들에게 오히려 고마운 마음을 가져야 한다, 우수한 사람들만 있는 곳에 가면 너는 가장 낮은 수준에 있는 사람이 될 수도 있다."라며 그냥 넘어가지 않았다. "모르는 친구들이 무엇을 물어보면 친절하게 가르쳐 주어라. 가르쳐 주는 과정에서 완전히 아는 것이 된다."라며 재능을 나눌 수 있도록 했다. 부의 정도도 마찬가지로 상대적인 것이다. 나보다 더 많이 가진 자 앞에 가서도 그렇게 당당할 수 있을지 의문이 들 정도로 과시하며 없는 사람들을 편 가르기 하는 모습을 보인다.

가진 것이 많지 않아도, 사회적 지위나 권력이 없어도 행복하게 살고 싶지 않은가. 그것은 어떤 형태이든 나눔의 실천을 통해서 가능하다. 나눔을 하며 다른 사람을 행복하게 해줄 수 있는 것은 아주 많다. 다른 사람보다 재능이 뛰어나다면 나에게 그만한 재능을 가지고 태어난 이유가 있을 것이다. 노래를 잘하는 재능을 나누며 행복감을 줄 수도 있다. 그림 그리는 재능으로 감동과 위로를 줄 수 있다. 친절함, 상냥함만으로도 가능하다. 부를 끌어당기는 능력을 발휘하여 많은 부를 가졌다면, 향락과 사치를 즐기며 어려운 사람을 업신여기기보다는 부를 가치 있게 흘려보내는 일이 보람된 일이다. 나로 인해 다른 사람이 행복하고 감사함을 느끼다면, 곧 내가 행복한 삶을 사는 것이다.

07

지금보다 나은 사람이 되기 위해

"배움에는 때가 있다."라는 말을 많이 듣고 자랐다. 학업에 열중해야 하는 시기에 학교 공부를 게을리하는 것 같으면 학교 선생님이나 주변 어른, 부모님께서 하시던 말씀이다. 어려서는 그 말이 배워야 할 나이에 배우는 것이 정해져 있는 것이라고 여겼다. 배움의 시기를 놓치면 배울 수 없다고 생각했다. 간혹 주변에서 배움의 시기를 놓쳤다고 나이를 거론하며 포기하거나 체념하는 모습을 보이는 사람들을 볼 수 있었다.

아주 어린 나이에는 언어를 익히고 감각을 키워야 하고, 삶에 필요한 기초적인 습관을 형성하는 것이 중요하다. 세 살 버릇 여든까지 간다는 말이 있듯이, 습관이나 습성은 잘 고쳐지지 않는다는 말이다. 오랫동안 몸에 배어있어서 평생 자신의 삶에 영향을 미치기 때문에 어려서 좋은 습관을 들여야 한다. 좋은 습관은 삶을 풍요롭게 만들어 주는 자산이 된다.

삶을 유지하는 데 필요한 기초지식이나 전문적 지식을 습득하기 위해 초등학교 6년, 중학교 3년, 고등학교 3년, 대학교 4년 과정을 학생의 신분으로 살아간다. 대학교 4년 과정은 직업을 선택하는 데 결정적인 영향을 미치기 때문에 가장 중요한 과정이다. 기본과정을 마치지 않으면 상위 과정을 통과할 수 없어서 충분한 배움이 이루어지도록 과정에 충실해야 한다. 그야말로 배움에는 때가 있다.

지금보다 더 나은 삶을 살기 위하여 무엇을 해야 할까? 첫 번째로 배움을 이야기하고자 한다. 배움에는 때가 없다. 성인이 되고 나면 이해력 높고 경험이 많아 어린 시절에 비해 훨씬 빠른 속도로 배우고자 하는 것을 배울 수 있다. 교직에 있으면서 교육과정이 개정되어 교수 교과목을 바꾸려고 전공과목을 다시 배웠다. 새로운 내용을 배운다는 것이 어렵기도 했고, 일을 하면서 공부를 해야 하니 시간적, 신체적으로 어려움이 많았다. 교수 과목을 바꾸는 것이 힘들기도 했지만, 전혀 다른 내용을 알게 되면서 지식의 폭과 시야도 확장되었다. 공부만 하며 사는 삶도 좋겠다고 생각했다.

배움이 없는 삶은 도태되기 쉽고 성장이 없다. 성장하지 않는다면 자신에 대한 자긍심을 갖기도 어렵고 자존심이 상할 뿐만 아니라 자존감도 낮아지게 된다. 성장한다는 것은 비단 지식적 측면, 부의 축적 측면만을 의미하는 것은 아니다. 취미 생활을 위한 배움도 좋고, 전문 지식을 더욱 심화시키는 것도 좋다. 마음의 수양을 통한 정신적 영적 성장을 위한 노력도 필요하다. 자신의 내면을 돌아보며 갈고 닦아야 할 성품, 인격의 성장을 도모하는 것 또한 배움으로 가능하고 성장하는 것이다.

두 번째로 내가 가진 것을 고인 물이 되지 않게 흘려보내는 일이다. 흘려보낸다는 것은 나눔을 실천하는 것이다. 내가 가지고 있는 것이 무엇인가? 나를 통해 흘러가서 나와 연결된 사람들이 기쁨을, 행복감을 느낄 수 있는 것이 무엇인가 찾아야 한다. 흘러가지 못하고 고여있는 물은 썩는다. 나에게만 머물러 있는 것은 무의미하다. 축적된 부가 많다면 그 부를 나눌 수 있어야 한다. 경청을 잘하고 공감을 잘하는 능력이 있다면 마음을 다친 사람들에게 위로와 위안을 줄 수 있으면 된다. 마음을 열고 서로의 이야기를 나눌 수 있는 '속터뷰'가 가능한 사람, 즉 마음 부자가 되는 것이다.

세 번째로 진리는 책 속에 있고 책과 함께하며 진리를 찾고 성장하는 것이다. 퇴임하고 나서 뜻이 맞는 분과 작은 독서 모임을 시작했다. 처음에는 전체적으로 섭렵하듯 읽고 느낌이 어떠했는지, 인상은 어떠했는지에 대하여 나눔을 가졌다. 책을 읽고 그 감상을 혼자서 간직할 때와 함께 나눌 때 책에 대한 생각이 완전히 달라졌다. 생각을 나누며 서로의 관점이 많이 다르기도 하고 같기도 했다. 다른 부분에 대해서는 사고의 다양성을, 같은 부분에 대해서는 공감대를 형성하며 책을 통한 교감이 확대되었다. 다음 만남에서는 각 장에 따라 나누어서 마음이 가는 부분에 대한 이유와 그에 따른 질문을 만들고 답을 찾아보았으며, 모임 회원에게 같은 질문을 하는 형태로 진행하였다.

'독서삼도', 독서를 올바르게 하는 세 가지 방법, 즉 독서에는 구도, 안도, 심도가 있다. 구도는 입으로 소리 내어 읽는 것으로, 반복적으로 읽는 효과가 있어 기억을 오래 할 수 있도록 하는 것이다. 안도는 대충 건성건성 보는 것이 아니라 정확하고 주의 깊게 읽고 이해해야 한다는 의미이다. 심도는 마음을 집중해서 읽어야 책의 내용이 마음에 들어온다는 것이다. 책을 계속 읽으며 배우기를 게을리하지 않는다는 것이다. 단순히 책을 읽는 것으로 끝내는 것이 아니라 책의 내용을 나의 것으로 만드는 일을 지속하는 것이다. 독서를 통해서 내가 변화하고 주변도 변화하는 삶을 살게 된다면 또한 기쁘고 행복한 일이다.

네 번째로 중요하게 여기는 가치를 세상에 심는 사람으로 사는 것이다. 직장 생활을 할 때는 스스로 서고, 서로 돕고, 존경받는 사람이 되는 것을 중요한 가치로 여기며 살았다. 가르치는 위치에 있다 보니 학생들의 성장과 관련되는 덕목이 중심에 있었다. 퇴임하고 나서는 나를 들여다보는 시간을 더 많이 가질 수 있었다. 나의 심리적, 정신적 특성 중 하나가 작고 사소한 것에도 민감하게 반응하는 예민한 성향을 가지고 있다는 것이다. 컨디션이 조금만 안 좋아도 음식물 소화를 시키지 못하며 편두통에 시달렸다. 특히 나를 무시하거나 존중하지 않는다는 생각이 들 때는 화를 내기도 하고, 화를 다스리기 힘들 때도 많았다. 어떻게 하면 이런 성향을 변화시킬 수 있을까를 꽤 오랜 시간 숙고하던 중 반짝이는 별처럼 떠오른 용어가 '내 마음의 평화'였다. 특히 불편한 마음이 꿈틀거리거나 화가 날 때, 화를 내고 나서 고요한 내 마음을 찾기 위해 '내 마음의 평화'를 주문처럼 외우게 되었다. 내 마음의 평화를 이루며 덧붙여진 인생의 가치 '평화를 심는 자'가 되는 것이다.

다섯 번째로 새로운 인연을 만나기 위해 노력하는 것이다. 은퇴하기 전까지는 매일 직장이라고 하는 장소에서 사람들과 만나 자신의 위치에서 주어진 업무와 역할을 다하며 나는 중요한 사람이라고 여기면서 살아온 것 같다. 퇴직은 물리적으로 사람과의 관계가 단절되는 것이다. 퇴직과 동시에 사회적 위치도, 역할도 사라지게 되니 생활 공간뿐만 아니라 인간관계의 범위도 축소된다. 일로 만난 인연이니 이해관계가 얽혀 있어 깊이 있는 인간관계가 형성되는 것이 어려울 수 있겠지만, 그마저도 자연스럽게 정리 수순을 밟게 된다. 집 밖으로 나가지 않고, 익숙한 사람만 만나게 되는 것이다.

오래되고 익숙한 사람을 만나는 것은 마음을 고요하게 해주고 잔잔한 기쁨을 준다. 속마음도 편하게 이야기할 수 있고, 좋은 모습을 보이려고 애써 노력하지 않아도 된다. 그러니 좋다. 반면에 다른 사람들이 사는 세상에 대한 이야기를 직접 듣거나 사는 방식을 경험할 수는 없다. 나는 호기심이 많은 사람이다. 궁금한 것은 찾아다니며 알고자 하고, 새로운 것을 경험하는 것을 그다지 어렵다고 생각하지 않는다. 나는 사람 부자가 되기를 주저하지 않을 것이다.

블로그를 하면서 다양한 이웃들을 만난다. 이웃이 작성한 글을 보며 공감이 가는 이야기에 댓글을 남기기도 하고, 다른 의견을 제안하기도 한다. 나의 이웃이 된 사람도 마찬가지로, 블로그를 방문하며 서로의 관심사에 대하여 나눔을 하고 있다. 이웃들은 특정 지역에만 살지 않고 특정 일에만 종사하게 되어 나와 연결되는 사람들이 아니다. 가까이 있는 사람을 비롯하여 전국적으로, 해외에 있는 사람들까지 있다. 출판된 책을 홍보하는 북 콘서트부터 아트 살롱, 전시회 등 많은 행사가 열리는 것도 바로바로 알 수 있다. 성의만 있다면 작은 노력만으로 경험할 수 있는 것이 참으로 많다.

우연한 기회에 아트살롱 기획자를 알게 되었고, 매달 전국 여러 곳에서 아트딜러와 함께 인문학 강의를 하며 작가의 그림을 멀리까지 가지 않아도 가까이서 감상하며 문화생활도 할 수 있다는 것을 알게 되었다. 강의가 너무 좋아서 다른 사람에게도 권하며 함께하는 기회도 가졌다. 덕분에 아트살롱 기획자님과 카페 운영자님, 강사님의 진정한 팬을 만날 수 있었다. 카페가 있는 곳이 마음 가는 곳으로 다가왔고 차 한잔하자고, 일상을 나누자고 할 수 있는 새로운 인연이 생겼다.

북 토크에 참여하기 위해 내가 사는 곳을 벗어나 다른 도시를 가기도 한다. 다른 도시의 풍광을 눈에 담는 것 또한 기분 좋은 일이고 설렘을 갖는 일이다. 책의 저자는 어떤 사람인지 상상하며 개최 장소에 도착할 때까지 여행한다는 느낌도 좋다. 한꺼번에 세 명의 저자를 만나는 일도 있었다. 저마다 살아온 삶의 과정을 녹여낸 책들과 어려움을 극복한 이야기를 들으며 가슴 한편이 저리기도 한다. 어려움을 감내하며 극복하고 창조적 삶으로 재정립한 모습에 진정 어린 박수를 보내기도 한다. 저자의 책을 한 권 사고 사인을 받으며 나의 인생 수첩에 기억할 만한 인연이 만들어지는 것이다.

온전한 나로 살아간다는 것은 완벽한 사람이 되는 것이 아니다. 실수하기도 하고 넘어지기도 하며, 어려움과 고통 속에서도 자신을 놓아 버리지 않고, 자신의 삶을 방관자처럼 살지 않는 것이다. 어려움 속에서도 자신에게 맞는 방법을 발견하고 결단하고 도전하는 것이다. 문제 속에서도 긍정의 기운으로, 기쁨으로 탈출할 수 있는 방법을 찾아내 거기서 벗어나는 사람이 되는 것이다. 가진 것을 움켜쥐고, 자신의 이익만 추구하는 삶이 아닌, 내가 가진 것이 고인 물이 되지 않게 흘려보낼 줄 알고, 주변을 배려하고 나눔을 실천하는 삶이다. 늘 배움의 자세를 가지고 배움 속에서 기쁨과 즐거움, 행복감을 찾는 사람이 되었으면 한다.

잠을 깨우는 것은 알람 시계가 아니라 신이다

책을 한 권 써볼까 하는 막연한 생각이 현실이 되었다. 나는 글쓰기에 꽤 많은 관심을 가지고 있던 사람이다. 잠시 떠오르는 단상을 수첩이든 메모지든 어딘가 적어 놓곤 했다. 글쓰기가 노후의 삶을 풍요롭게 해줄 수 있는 동반자 같은 존재가 될 것이라는 생각에 글쓰기 전문 강사님을 모셔 놓고 한동안 매주 모여 글을 쓰기도 했다. 실질적으로 글의 구성 형식에 맞춰서 글을 쓴다는 것이 쉬운 일이 아님을 체험하는 시간이었다.

형식에 맞추어 글을 쓴다는 것이 어렵다 보니 일단 주제를 주고 쓰기도 하고 자유 주제로 무작정 쓰기도 했다. 여행을 다녀오면 여행기를 썼고 과거의 기억들 속에서 소재를 고르고 주제를 정하고 글을 썼다. 점차 글도 길어지고 문장력도 향상되는 것 같았다. 어떤 순간에는 소재가 떠오르면 일정량을 단숨에 써 내려가기도 했다.

누구는 그림을 그리니까 퇴임할 때 개인전을 하겠다는 목표를 가지고 있었다. 환갑이 되어가니 환갑 기념으로 책을 써보겠다는 각오를 다지는 사람도 있었고 책을 쓴 사람도 있었다. 나도 퇴임하고 나의 삶을 돌아보는 차원에서 무엇인가를 하나 남기고 싶었다.

블로그를 하는 사람들은 기본적으로 글을 쓰는 것을 좋아하는 사람이라고 했다. 나 역시도 그런 성향을 가진 사람이라고 생각했다. 블로그를 하면서 책을 쓰고 그 책을 중심으로 북콘서트라든가 북토크 등을 하고 있다는 많은 정보를 접하고 북토크 현장을 다녀보았다. 처음으로 박수용 작가의 『나는 얼마짜리인가?』 북토크에 참석했다. 작가의 강연, 출판사 관계자, 블로그를 운영하면서 글쓰기에 관심이 많은 팬 등 30명 이상 되는 사람들이 작은 공간에 모여 가족 같은 분위기를 연출하며 서로의 관심사를 나누었다. 주말에 멀리 제주도에서부터 전국 각지에서 서울까지 와서 자신의 관심 분야에 대한 열정을 가지고 모여 있었다.

나는 신선한 충격을 받았고 새로운 세계를 경험하는 시간이었다. 자신이 하고자 하는 일에 대하여 시간과 경비와 노력을 들인 열정에 감동했다. 같은 관심사를 가진 사람들의 모임이 주는 편안함과 공감과 활기찬 에너지는 나의 삶에 활력이 되었다.

두 번째로 참여한 북토크가 온라인으로 개최된 허지영 작가의 『퍼스널 브랜딩의 모든 것』, 김태진 작가의 『내면의 빛을 찾기 위한 지혜의 조각들』 콜라보 북토크였다. 북 토크를 통해 책을 쓰는 이유와 작가에 대해 좀 더 구체적으로 알게 되었고 책을 쓰는 방법도 알게 되었다. 작가가 글을 쓰면서 성장하고 변화되는 자신에 대하여 이야기할 때 나도 성장과 변화에 대한 열망이 있다는 것을 느꼈고 궁금한 부분에 대한 적극적인 질문을 하며 참여하였다.

허지영 작가의 북토크에 참여한 것은 내가 책을 쓰기로 결단하는 결정적인 계기가 되었다. 허지영 작가가 가진 추진력과 행동력, 자신감은 책을 써보겠다는 막연함을 구체화할 수 있도록 나를 자석처럼 잡아당겼고 책을 쓰는 것도 배우며 쓰는 것이라는 진리에 다다르게 해주었다.

퇴임 후 처음으로 맞이하는 봄과 여름과 가을은 '책이라는 씨앗'을 심었고 물을 뿌렸으며 정성을 다해 여름 내내 키웠고 『온전한 나로 살아가는 법』이라는 열매를 주었다. 결실을 맺기까지 온 마음과 성심을 다해 몰입했고, 첫 문장을 쓰기 위해 주제어를 붙잡고 몇 날 며칠을 생각하고 집중하기도 했다. 다른 작가들이 쓴 책들을 찾아보면서 배우고 성장과 변화를 도모하는 나를 발견하는 시간이 되었다.

초고의 마지막 주제를 끝내던 날은 밤이었다. 주체할 수 없는, 지금까지 경험하지 못했던 크기의 감동이 밀려왔다. 한 권의 책을 갖게 되었다는 기쁨, 성취감, 스스로에 대한 대견함 등 글로 표현하기에는 부족하다는 생각이 들었다. 올림픽에 나간 선수가 메달을 목에 걸 때 느끼는 감격, 희열 같은 것에 비유해 보고 싶다. 눈에 눈물도 고였고 몸은 뜨거워졌으며 심장은 터질 것같이 뛰어 감당이 어려워 산책하러 나가 한동안 걸었다. 가슴은 진정이 되었고 무인 카페에 들어가서 차가운 음료를 한잔 마시며 소회를 적고 돌아왔다.

이 책이 세상에 나오기 까지 진심으로 다가와 주시고 끝까지 격려해 주시며 함께해 주신 허지영 작가님께 깊은 감사를 드린다. 오랜 기간 출판사를 운영해 오시며 책에 대한 사랑과 전통의 가치를 소중히 여기고 계승하고자 하는 신념을 가지신 프로방스 출판 그룹의 조현수 대표님의 출판 제안과 더 로드 출판사 직원 여러분의 노고에도 무한 감사를 드린다.

글쓰기를 권유하면서 책이 나오기도 전에 작가라고 불러주며 응원과 기도해 주심, 홍보는 걱정하지 말고 당신에게 맡기라 하며 신뢰를 보내신 미사 장경신 님, 책을 쓰고 있다는 말을 듣고 대단하다며 격려해 준 친구들, 지인들께도 감사를 전한다. 초고를 완성했다는 이야기를 들은 딸아이가 글을 보여달라고 졸라대서 자신의 글이 들어간 부분을 보내 주었더니 "엄마다운 글이네. 고마워. 엄마를 대신해 내 마음의 비빌 언덕이 되어줄 엄마의 기억들, 생각, 마음 남겨줘서. 내가 나중에 내 자식을 떠날 때 저 책을 품에 안고 떠날 거야."라는 말로 감동을 안겨준 딸아이에게 감사한다.

글을 쓰면서 글을 쓸 수 있도록 허락하시는 이도 멈추게 하시는 이도 이 세상 모든 섭리를 주관하시는 하나님이 하시는 일임을 고백할 수 있었다. "잠을 깨우는 것은 알람 시계가 아니라 신이다."라는 말을 곱씹었다. "오늘 하루도 온전한 생명을 허락하심에 감사합니다."라는 아침 기도로 시작하였고, 글을 쓰는 과정에서 번뜩이는 반짝임의 영적 인도가 선물같이 주어졌다는 것을 깨닫게 하셨다.

『삶이 글이 되는 순간』을 쓴 작가의 말처럼 나의 삶은 글이 되었다. 글을 쓴다는 것은 나를 돌아보는 시간이고 나를 이해하는 과정이며 성찰을 통해 성장하고 변화하며 새로운 것을 창조하는 계기가 되었다. 내가 창조한 것에는 내가 소중하게 여기는 것들이 들어있다. 이 책을 읽는 독자들이 자신의 삶을 진지하게 바라보며 가치 있게 생각하는 것들을 찾아내고 지켜낼 수 있음을 확신하고 소망한다.

온전한 나로 살아가는 법

초판인쇄	2026년 03월 10일
초판발행	2026년 03월 18일
지은이	우선아
발행인	조현수
펴낸곳	도서출판 더로드
기획	조용재
마케팅	최관호 최문섭
편집	이승득
디자인	오종국 (Design CREO)
주소	경기도 파주시 광인사길 68 , 201- 4호
전화	031-925-5364, 031-942-5366
팩스	031-942-5368
이메일	provence70@naver.com
등록번호	제2015-000135호
등록	2015년 06월 18일

정가 18,000원

ISBN 979-11-6338-511-0 (13190)

· 파본은 구입처나 본사에서 교환해드립니다.

언제 어디서나 나라는 존재는
가장 소중하고
내가 가장 사랑해야 하는 존재이다.